Benny Hinn

Guten Morgen, Heiliger Geist!

Projektion J Verlag GmbH, Wiesbaden

Titel der amerikanischen Originalausgabe:
Good Morning, Holy Spirit

© 1990 by Benny Hinn
Published by Thomas Nelson, Inc. in Nashville, Tennessee,
distributed in Canada by Lawson Falle, Ltd., Cambridge, Ontario

© der deutschen Ausgabe 1992 by
Projektion J Verlag GmbH, Niederwaldstr. 14, D-6200 Wiesbaden

Nachdruck, auch auszugsweise, nur mit Genehmigung des Verlages.

Bibelzitate sind der Einheitsübersetzung entnommen.

ISBN 3-925352-67-8

Übersetzung: Gabriele Horn
Umschlaggestaltung: Büro für Kommunikationsdesign, Heidenreich, Mainz
Satz: Knipp Satz und Bild digital, Dortmund
Druck: Schönbach Druck GmbH, Erzhausen

Inhalt

1 Kann ich dich wirklich kennen? 7
2 Von Jaffa bis an die Enden der Erde 23
3 Tradition, Tradition 40
4 Von Person zu Person 55
5 Wessen Stimme hören Sie? 71
6 Geist, Seele und Leib 87
7 Wind in Ihren Segeln 101
8 Ein mächtiger Einzug 118
9 Raum für den Geist 134
10 »Nur einen Atemzug entfernt« 148
11 »Warum weinst du?« 159
12 Der Himmel auf Erden 174

*Der Person des Heiligen Geistes gewidmet,
die der Grund meines Lebens ist,
und
meinen Töchtern, Jessica und Natasha,
die, wenn es der Herr zuläßt,
diese Botschaft an ihre Generation weitergeben werden.*

Dank

Mein Dank geht an Neil Eskelin für seinen Rat und seine redaktionelle Mitarbeit bei der Vorbereitung dieses Manuskriptes.

Außerdem möchte ich meiner lieben Mutter für ihre Gebete danken und Sheryl Palmquist, Chris Hinn, Nancy Pritchard, Sammy Hinn, Gene Polino und dem Personal des Christlichen Zentrums in Orlando für ihre Hilfe und Unterstützung bei diesem Projekt.

Mein besonderer Dank gilt meiner lieben Frau, Suzanne, für ihre beständige Liebe und Unterstützung.

Kann ich dich wirklich kennen?

Es war 1973, drei Tage vor Weihnachten. Noch war die Sonne an diesem kalten, nebligen Morgen in Toronto nicht völlig aufgegangen.

Plötzlich war er da. Der Heilige Geist kam in mein Zimmer. Er war an diesem Morgen so real für mich wie das Buch, das Sie gerade in den Händen halten.

Die nächsten acht Stunden hatte ich ein unglaubliches Erlebnis mit dem Heiligen Geist. Es veränderte den Verlauf meines Lebens. Tränen der Verwunderung und Freude rannen meine Wangen herunter, als ich die Heilige Schrift öffnete und er mir die Antworten auf meine Fragen gab.

Es schien, als sei mein Zimmer in himmlische Gefilde versetzt worden, und am liebsten wäre ich für immer dort geblieben. Ich war gerade einundzwanzig, und diese Begegnung war das schönste Geburtstags- oder Weihnachtsgeschenk, das ich je bekommen hatte.

Am anderen Ende des Flures waren meine Mutter und mein Vater. Sie würden niemals begreifen, was mit ihrem Benny geschah. Und hätten sie verstanden, was ich da erlebte, hätte dies den endgültigen Zusammenbruch unserer Familie bedeuten können, die sowieso schon kurz vor dem Zerbruch stand. Fast zwei Jahre lang – seit dem Tag, an dem ich mein Leben Jesus übergeben hatte – fand eigentlich keine Kommunikation zwischen meinen Eltern und mir statt. Es war schrecklich. Als Sohn von Einwanderern aus Israel hatte ich die Familie dadurch, daß ich die Traditionen gebrochen hatte, gedemütigt. Nichts, was ich in meinem Leben getan hatte, wirkte sich so zerstörerisch in der Beziehung zu meinen Eltern aus wie dies.

In meinem Zimmer jedoch herrschte reine Freude. Ja, es war unaussprechlich – ja, es war voller Herrlichkeit! Hätte man mir achtundvierzig Stunden zuvor gesagt, was mit mir geschehen sollte, hätte ich gesagt: »Unmöglich.« Aber von diesem Moment an wurde der Heilige Geist in meinem Leben lebendig. Er war nicht mehr nur eine entfernte »dritte Person« der Dreieinigkeit. Er war real, er war eine Persönlichkeit.

Und nun möchte ich Ihnen von ihm mitteilen.

Mein Freund, wenn Sie bereit sind, eine persönliche Beziehung mit dem Heiligen Geist einzugehen, die alles übertrifft, was Sie bisher für möglich gehalten haben, dann lesen Sie weiter. Wenn nicht, möchte ich Ihnen empfehlen, dieses Buch für immer beiseite zu legen. Ja, richtig. Schließen Sie das Buch! Denn das, was ich Ihnen hier mitteile, wird Ihr geistliches Leben verwandeln.

Plötzlich wird es mit Ihnen geschehen. Vielleicht, während Sie lesen. Vielleicht, während Sie beten. Oder während Sie zur Arbeit fahren. Der Heilige Geist wird auf Ihre Einladung antworten. Er wird Ihr engster Freund werden, Ihr Führer, Ihr Tröster, Ihr lebenslanger Begleiter. Und wenn Sie ihm begegnen, werden Sie mir sagen: »Benny! Lassen Sie mich Ihnen erzählen, was der Geist in meinem Leben getan hat!«

Gottes Macht offenbart

Eine kurze Nacht in Pittsburgh

Ein Freund, Jim Poynter, hatte mich gebeten, mit ihm eine Busreise nach Pittsburgh in Pennsylvania zu machen. Ich hatte Jim, der Prediger bei den Freien Methodisten war, in der Gemeinde kennengelernt, zu der ich ging. Nun war eine ganze Gruppe der Gemeinde unterwegs zu einer Veranstaltung von Kathryn Kuhlman.

Ehrlich gesagt wußte ich herzlich wenig über ihren Dienst. Ich hatte sie im Fernsehen gesehen, und was ich da gesehen hatte, hatte mich völlig abgestoßen. Ich fand, daß sie komisch redete und ziemlich seltsam aussah. Also waren meine Erwartungen alles andere als groß.

Aber Jim war mein Freund, und ich wollte ihn nicht enttäuschen.

Im Bus sagte ich: »Jim, du kannst dir gar nicht vorstellen, was ich für Schwierigkeiten mit meinem Vater wegen dieser Reise hatte.« Sehen Sie, nach meiner Bekehrung hatten meine Eltern alles getan, um mich vom Kirchenbesuch abzuhalten. Und nun eine Reise nach Pittsburgh? Das stand fast außer Frage, aber schließlich gaben sie mir doch zähneknirschend die Erlaubnis.

Wir verließen Toronto am Donnerstagvormittag. Unsere Reise, die eigentlich sieben Stunden hätte dauern sollen, wurde durch einen plötzlichen Schneesturm behindert. Erst um ein Uhr morgens erreichten wir unser Hotel.

Dann sagte Jim: »Benny, wir müssen um fünf Uhr aufstehen.«

»Um fünf Uhr morgens?« fragte ich. »Warum?«

Er sagte mir, daß, wenn wir nicht gegen sechs Uhr vor den Türen der Veranstaltungshalle stünden, wir keine Chance haben würden, einen Sitzplatz zu bekommen.

Nun, das konnte ich einfach nicht glauben. Wer hatte jemals davon gehört, daß man vor Sonnenaufgang in der Eiseskälte herumstehen mußte, um in die Kirche gehen zu können? Aber Jim sagte, daß wir genau das tun sollten.

Es war bitterkalt. Um fünf stand ich auf und zog jedes Kleidungsstück an, das ich finden konnte: Stiefel, Handschuhe, einfach alles. Ich sah aus wie ein Eskimo.

Es war noch dunkel, als wir zu der presbyterianischen Kirche im Zentrum von Pittsburgh kamen. Was mich schockierte, war die Tatsache, daß Hunderte von Menschen bereits da waren. Und die Halle sollte die nächsten zwei Stunden noch gar nicht geöffnet werden.

Manchmal hat es seine Vorteile, wenn man klein ist. Ich begann, mich zentimeterweise näher und näher zu den Türen durchzukämpfen – Jim hatte ich im Schlepptau. An den vorderen Stufen schliefen sogar einige Leute. Eine Frau sagte mir: »Sie sind schon die ganze Nacht hier. So geht das jede Woche.«

Als ich so dastand, begann ich plötzlich zu zittern – so als hätte mich jemand gepackt und zu schütteln begonnen.

Ich meinte einen Moment lang, die Kälte sei daran schuld. Aber ich war warm angezogen, und ich fror überhaupt nicht. Dieses unkontrollierbare Zittern kam einfach über mich.

So etwas hatte ich noch nie erlebt. Und es hörte nicht auf. Ich war zu verlegen, als daß ich es Jim hätte erzählen können, aber ich spürte, wie alle meine Knochen klapperten. Ich spürte es in meinen Knien. In meinem Mund. *Was geschieht mit mir?* fragte ich mich. *Ist das die Kraft Gottes?* Ich verstand überhaupt nichts.

Im Wettlauf durch die Kirche

Nun war es soweit, daß die Türen geöffnet wurden, und die Massen drängten sich nach vorn, bis ich mich kaum noch rühren konnte. Immer noch wollte dieses Vibrieren nicht aufhören.

Jim sagte: »Benny, wenn die Türen aufgehen, dann lauf einfach so schnell du kannst.«

»Warum?« fragte ich.

»Weil du sonst von den anderen überrannt wirst.« Er war schon einmal dabeigewesen und wußte, was zu erwarten war.

Nun, ich hätte es mir nie träumen lassen, daß ich jemals mit anderen um die Wette in eine Kirche rennen würde, aber genau das tat ich. Als sich die Türen öffneten, sprintete ich los wie ein Läufer bei der Olympiade. Ich überholte alle: alte Frauen, junge Männer, einfach alle. Ich schaffte es sogar bis zur ersten Reihe und wollte mich hinsetzen. Ein Ordner sagte mir, daß die erste Reihe reserviert sei. Später erfuhr ich, daß Frau Kuhlmans Assistenten die Menschen auswählten, die in der ersten Reihe sitzen sollten. Sie war dem Heiligen Geist gegenüber so sensibel, daß sie nur erwartungsvolle, betende Teilnehmer vorne haben wollte.

Da ich stark stotterte, wußte ich, daß es keinen Sinn haben würde, mit dem Ordner zu verhandeln. Die zweite Reihe war bereits voll, aber in Reihe drei fanden Jim und ich einen Platz.

Noch eine Stunde, bevor der Gottesdienst begann. Also zog ich meinen Mantel, meine Handschuhe und meine Stiefel aus. Während ich mich so ein wenig entspannte, bemerkte ich, daß das Zittern noch stärker war als zuvor. Es hörte einfach nicht auf. Es durchlief meine Arme und Beine, als wären sie unter Strom. Diese Erfahrung war sehr fremdartig für mich. Um ehrlich zu sein, ich hatte wirklich Angst.

Die Orgel begann zu spielen, aber alles, worüber ich nachdenken konnte, war dieses Zittern. Ich fühlte mich nicht schlecht. Es fühlte sich nicht an, als würde ich mich erkälten oder hätte einen Virus abbekommen. Es wurde sogar immer angenehmer, je länger es andauerte. Es war ein ungewöhnliches Empfinden, das gar nicht körperlich zu sein schien.

In diesem Augenblick, fast wie aus dem Nichts, erschien Kathryn Kuhlman. Sofort war die Atmosphäre in dem Gebäude wie aufgeladen. Ich wußte nicht, was ich zu erwarten hatte. Ich spürte nichts um mich herum. Keine Stimmen. Kein Gesang von Engeln. Nichts. Alles, was ich wußte, war, daß ich nun seit drei Stunden zitterte.

Als dann das Singen begann, bemerkte ich, daß ich etwas tat, was ich nie erwartet hatte. Ich stand. Meine Hände waren erhoben, und Tränen strömten meine Wangen herunter, während wir sangen »Wie groß bist du«.

Es war, als wäre ich explodiert. Nie zuvor waren mir Tränen so schnell aus den Augen geschossen. Da rede man von Ekstase! Es war viel wirklicher, ein Gefühl intensiver Herrlichkeit.

Ich sang auch nicht, wie ich es normalerweise in der Kirche tat. Ich sang mit meinem ganzen Wesen. Und als wir zu den Worten kamen: »Nun singt meine Seele aus ganzem Herzen, mein Heiland Gott, zu dir«, sang ich es wirklich von ganzem Herzen.

Ich war so verloren im Geist dieses Liedes, daß ich einige Zeit brauchte, bis ich merkte, daß das Zittern vollständig aufgehört hatte.

Aber die Atmosphäre dieses Gottesdienstes hielt an. Es war, als sei ich völlig in Verzückung geraten. Ich befand mich auf eine Weise in der Anbetung, wie ich es nie zuvor erlebt hatte. Als stünde ich der geistlichen Wahrheit von Angesicht zu Angesicht gegenüber. Egal was die anderen empfanden, ich spürte es so.

In meinem kurzen Dasein als Christ hatte Gott mein Leben angerührt, aber nie hatte er es so getan wie an diesem Tag.

Wie eine Woge

Als ich so dastand und Gott anbetete, öffnete ich meine Augen und sah mich um, denn ich hatte plötzlich einen Windzug gespürt und wußte nicht, woher er kam. Er war sanft und langsam, wie eine leichte Brise.

Ich blickte auf die Buntglasfenster. Aber sie waren alle verschlossen. Außerdem waren sie viel zu weit oben, als daß von dort dieser Windzug hätte kommen können.

Diese ungewöhnliche Brise, die ich spürte, war mehr wie eine Welle. Ich spürte sie, und ich spürte förmlich, wie sie sich bewegte.

Was geschah hier? Würde ich je den Mut haben, jemandem zu erzählen, was ich da erfuhr? Die anderen würden denken, ich hätte meinen Verstand verloren.

Etwa zehn Minuten lang wuschen die Wogen dieses Windes über mich hinweg. Und ich fühlte mich, als hätte mich jemand in eine reine, warme Decke gehüllt.

Kathryn begann, mit den Menschen zu beten, aber ich war so verloren im Geist, daß das völlig unwichtig war. Gott war mir näher, als ich es je erlebt hatte.

Ich hatte das Bedürfnis, mit Gott zu sprechen, aber alles, was ich flüstern konnte, war: »Lieber Jesus, bitte sei mir gnädig.« Ich sagte noch einmal: »Jesus, bitte sei mir gnädig.«
Ich fühlte mich so unwürdig.
Ich fühlte mich wie Jesaja, als er in die Gegenwart Gottes eintrat.

»Weh mir, ich bin verloren. Denn ich bin ein Mann mit unreinen Lippen und lebe mitten in einem Volk mit unreinen Lippen, und meine Augen haben den König, den Herrn der Heere, gesehen«

(Jesaja 6,5).

Dasselbe geschah, als die Menschen Christus sahen. Sofort erblickten sie ihren eigenen Schmutz und ihr Bedürfnis nach Reinigung.
Und genau das geschah mit mir. Es war, als ob ein riesiger Scheinwerfer sein Licht auf mich richtete. Alles, was ich sehen konnte, waren meine Schwächen, meine Fehler und meine Sünden.
Wieder und wieder sagte ich: »Lieber Jesus, bitte sei mir gnädig.«
Dann hörte ich eine Stimme, und ich wußte, es mußte Gott sein. Sie war so unendlich sanft, aber sie war unverwechselbar. Er sagte zu mir: »Meine Gnade ist in Fülle über dir.«
Bis zu diesem Punkt war mein Gebetsleben wie das eines Durchschnittschristen gewesen. Aber nun sprach ich nicht nur einfach mit Gott. Er sprach zu mir. Und oh, welch eine Gemeinschaft war das hier!
Ich hatte keine Ahnung, daß das, was ich da in der dritten Reihe der presbyterianischen Kirche in Pittsburgh erlebte, nur

ein Vorgeschmack dessen war, was Gott für die Zukunft geplant hatte.

Die Worte klangen in meinen Ohren: »Meine Gnade ist in Fülle über dir.«

Weinend und schluchzend setzte ich mich. Es gab nichts in meinem Leben, was ich mit dem, was ich spürte, vergleichen konnte. Ich war so erfüllt und verwandelt vom Geist, daß alles andere unwesentlich wurde. Selbst wenn Pittsburgh von einer Atombombe getroffen und die ganze Welt in die Luft gehen würde. In diesem Moment spürte ich, wie die Bibel es beschreibt, »Friede ..., der alles Verstehen übersteigt« (Phil 4,7).

Jim hatte mir von Wundern erzählt, die in Kathryn Kuhlmans Veranstaltungen geschahen. Aber ich hatte keine Vorstellung von dem, was ich in den folgenden drei Stunden miterleben sollte. Menschen, die taub waren, konnten plötzlich hören. Eine Frau stand aus ihrem Rollstuhl auf. Es wurden Zeugnisse von Heilungen von Tumoren, Arthritis, Kopfschmerzen und anderem gegeben. Sogar ihre schärfsten Kritiker haben bestätigt, daß echte Heilungen in ihren Veranstaltungen geschehen sind.

Der Gottesdienst dauerte lang, aber mir erschien er wie ein flüchtiger Moment. Nie in meinem Leben war ich in solchem Maß von Gottes Macht angerührt worden.

Warum weinte sie?

Im weiteren Verlauf des Gottesdienstes – ich betete still – stoppte alles ganz plötzlich. Ich dachte: *Bitte Herr, laß dieses Treffen niemals enden.*

Ich schaute auf und sah, wie Kathryn ihr Gesicht mit den Händen bedeckte und zu weinen anfing. Sie weinte und schluchzte so laut, daß alles innehielt. Die Musik verstummte. Die Ordner blieben still stehen.

Jedermann blickte zu ihr. Ich hatte nicht die geringste Ahnung, weshalb sie weinte. Noch nie hatte ich erlebt, daß ein

Prediger so etwas tat. Worüber weinte sie? (Später erfuhr ich, daß sie so etwas noch nie zuvor getan hatte, und die Mitglieder ihres Teams erinnern sich bis heute an diesen Tag.)

Etwa zwei Minuten ging es so. Dann warf sie ihren Kopf zurück. Da stand sie, nur ein paar Meter von mir entfernt. Ihre Augen brannten. Sie *lebte*.

Von einem Moment auf den anderen wurde sie von einem Mut erfaßt, wie ich es noch nie bei einer Person erlebt hatte. Mit enormer Kraft und Emotion – sogar Schmerz – streckte sie ihre Hand aus. Wäre der Teufel persönlich dagewesen, hätte sie ihn mit einem Fingerschnippen beiseite geschleudert.

Dieser Moment enthielt eine unglaubliche Dimension. Immer noch schluchzend, schaute sie auf das Publikum und sagte voller Schmerz: »Bitte!« Sie schien das Wort lang hinzuziehen: »Biiitte, betrübt nicht den Heiligen Geist.«

Sie bettelte. Stellen Sie sich vor, wie eine Mutter einen Mörder anfleht, ihr Kind nicht umzubringen, – so bettelte und flehte sie.

»Bitte«, schluchzte sie, »betrübt nicht den Heiligen Geist.«

Noch jetzt kann ich ihre Augen sehen. Es war, als schauten sie genau mich an. Ich hatte Angst zu atmen. Ich bewegte keine Miene. Ich hielt mich an der Sitzbank vor mir fest und fragte mich, was als nächstes geschehen würde.

Dann sagte sie: »Versteht ihr nicht? Er ist alles, was ich hab!«

Ich dachte: *Worüber spricht sie nur?*

Dann fuhr sie mit ihrer Bitte fort: »Bitte! Verletzt ihn nicht. Er ist alles, was ich habe. Verletzt nicht den, den ich liebe!«

Ich werde diese Worte nie vergessen. Immer noch kann ich mich an die Intensität ihres Atmens erinnern, als sie diese Worte aussprach.

In meiner Gemeinde sprach der Pastor einmal über den Heiligen Geist. Aber nicht so. Seine Erläuterungen hatten mit Gaben, Sprachengebet oder Prophetie zu tun – aber sie enthielten nichts wie: »Er ist mein engster, persönlichster, vertrautester, am meisten geliebter Freund.« Kathryn Kuhlman erzählte mir von einer Person, die realer war als Sie und ich.

Dann zeigte sie mit ihrem langen Finger hinunter auf mich und sagte mit großer Deutlichkeit: »Er ist realer als alles andere auf der Welt!«

Das muß ich haben

Als sie mich anschaute und diese Worte sagte, ergriff mich förmlich etwas in meinem Inneren. Es erreichte mich. Weinend sagte ich: »Das muß ich haben.«

Nun, ehrlich gesagt dachte ich, daß jeder in diesem Gottesdienst empfand wie ich. Aber Gott handelt mit uns als einzelne, und ich glaube, dieser Gottesdienst war nur für mich.

Bitte verstehen Sie: Als ziemlich junger Christ, so wie ich, konnte ich nicht im Ansatz begreifen, was in diesem Gottesdienst geschah. Aber ich konnte nicht die Realität des Geschehens verleugnen und auch nicht die Kraft, die ich spürte.

Am Ende der Veranstaltung schaute ich die Evangelistin an und sah etwas, das wie ein Dunst um sie aussah. Erst dachte ich, daß irgend etwas mit meinen Augen nicht stimmte. Aber es war da. Und ihr Gesicht leuchtete wie ein Licht durch diesen Dunst.

Ich glaube nicht im geringsten, daß Gott Kathryn Kuhlman verherrlichen wollte. Aber ich glaube, daß er diesen Gottesdienst benutzte, um mir seine Macht zu offenbaren.

Der Gottesdienst war vorüber, die Leute verließen die Kirche, aber ich wollte mich nicht rühren. Ich war im Wettlauf hereingestürmt, aber nun wollte ich einfach sitzen bleiben und über das nachdenken, was gerade geschehen war.

Was ich hier gespürt hatte, konnte mir mein persönliches Leben nicht bieten. Ich wußte, daß es mich auch verfolgen würde, wenn ich nach Hause kam.

Durch meine Sprachstörung war mein eigenes Selbstbild praktisch zerstört. Auch als Kind in den katholischen Schulen, die ich besuchte, war ich durch mein Stottern isoliert, keiner wollte mit mir reden.

Nachdem ich Christ geworden war, fand ich ebenfalls nur wenige Freunde. Wie konnte ich Leuten begegnen, wenn ich kaum mit ihnen kommunizieren konnte?

Also wollte ich das, was ich in Pittsburgh gefunden hatte, nie wieder verlieren. Alles, was ich im Leben hatte, war Jesus. Und nichts anderes im Leben hatte große Bedeutung. Ich hatte keine richtige Zukunft. Meine Familie hatte mir praktisch den Rücken zugewandt. Ich wußte zwar, daß sie mich liebten, aber meine Entscheidung, Christus zu dienen, hatte eine Kluft zwischen uns gegraben, die immer weiter und tiefer wurde.

Ich saß einfach da – verständlicherweise. Wer geht schon gerne in die Hölle zurück, wenn er im Himmel war?

Aber es gab keine Wahl. Der Bus wartete, und ich mußte zurückgehen. Beim Hinausgehen aus der Kirche hielt ich einen Moment lang inne und dachte: *Was hat sie gemeint? Was hat sie gemeint, als sie über den Heiligen Geist sprach?*

Auf dem ganzen Rückweg nach Toronto ging mir der Gedanke nicht mehr aus dem Kopf: *Ich weiß nicht, was sie gemeint hat.* Ich fragte sogar einige Leute im Bus. Sie konnten es mir auch nicht erklären, denn sie verstanden es ebensowenig.

Natürlich war ich völlig erschöpft, als ich zu Hause ankam. Mit zuwenig Schlaf, der stundenlangen Fahrerei und einer geistlichen Erfahrung, die wie ein gefühlsmäßiges Karussell war, brauchte mein Körper eine Ruhepause.

Aber ich konnte nicht schlafen. Körperlich war ich hundemüde, aber mein Geist war aufgewühlt wie von einer nicht enden wollenden Reihe Vulkanausbrüchen, die in meinem Inneren stattfanden.

Gottes Gegenwart kennen

Wer zieht mich?

Als ich auf meinem Bett lag, fühlte ich mich, als zöge mich jemand von der Matratze auf meine Knie. Es war ein seltsames Empfinden, aber es war so stark, daß ich mich nicht dagegen wehren konnte.

Da lag ich nun in der Dunkelheit auf meinen Knien. Gott war mit mir noch nicht fertig, und ich reagierte auf sein Führen.

Ich wußte, was ich sagen wollte, aber ich wußte nicht genau, wie ich darum bitten konnte. Was ich wollte war das, was diese Evangelistin in Pittsburgh hatte. Ich dachte: *Ich will das, was Kathryn Kuhlman hat.* Mit jeder Faser meines Wesens wollte ich es. Ich hungerte nach dem, wovon sie gesprochen hatte – auch wenn ich es nicht genau verstand.

Ja, ich wußte, was ich wollte, aber ich wußte nicht, wie ich es sagen sollte. Also beschloß ich, so darum zu bitten, wie ich es eben konnte – in meinen eigenen, einfachen Worten.

Ich wollte den Heiligen Geist ansprechen, aber das hatte ich noch nie getan. Ich dachte: *Mache ich es richtig?* Immerhin hatte ich ja noch nie mit dem Heiligen Geist gesprochen. Ich hatte nie gedacht, daß er eine Person war, an die man sich wenden kann. Ich wußte nicht, wie ich zu beten beginnen sollte, aber ich wußte, was in meinem Inneren war. Alles, was ich wollte, war, ihn so zu kennen, wie sie ihn kannte.

Und das war mein Gebet: »Heiliger Geist. Kathryn Kuhlman sagt, du seist ihr Freund.« Langsam fuhr ich fort: »Ich glaube nicht, daß ich dich kenne. Nun, bis heute dachte ich, ich würde dich kennen. Aber nach dieser Veranstaltung merke ich, daß das nicht stimmt. Ich glaube nicht, daß ich dich kenne.«

Und dann hob ich meine Hände und fragte wie ein Kind: »Kann ich dir begegnen? Kann ich dich wirklich kennenlernen?«

Ich fragte mich: *Ist das, was ich sage, richtig? Sollte man so mit dem Heiligen Geist reden?* Dann dachte ich: *Wenn ich ehrlich bin, wird Gott mir schon zeigen, ob ich richtig- oder falschliege.* Wenn Kathryn sich irrte, wollte ich das herausfinden.

Nachdem ich mit dem Heiligen Geist gesprochen hatte, schien nichts zu geschehen. Ich begann zu zweifeln: »Kann man dem Heiligen Geist wirklich begegnen? Kann so etwas wirklich geschehen?«

Meine Augen waren geschlossen. Da begann mein Körper wie durch einen Stromschlag erneut zu vibrieren – genauso, wie es während der zwei Stunden gewesen war, als ich darauf wartete, in die Kirche zu gehen. Es war dasselbe Schütteln, das ich dann auch noch eine Stunde in der Kirche gespürt hatte.

Es war wieder da, und ich dachte: *Oh. Es passiert wieder.* Aber diesmal waren keine Menschenmassen da. Keine schwere Kleidung. Ich war in meinem warmen Zimmer im Pyjama – und zitterte von Kopf bis Fuß.

Ich hatte Angst, meine Augen zu öffnen. Diesmal war es, als ob all das, was im Gottesdienst geschehen war, auf einmal über mich kam. Ich zitterte, aber gleichzeitig fühlte ich die warme Decke der Kraft Gottes, die mich ganz einhüllte.

Ich fühlte mich, als sei ich in den Himmel versetzt worden. Natürlich war ich das nicht, aber ich glaube ehrlich nicht, daß es im Himmel noch viel schöner sein kann. Ich dachte: *Wenn ich meine Augen öffne, bin ich entweder in Pittsburgh oder in den Toren des Himmels.*

Nun, nach einiger Zeit öffnete ich doch meine Augen, und zu meiner Überraschung befand ich mich immer noch in meinem Zimmer. Derselbe Boden. Derselbe Schlafanzug. Und immer noch vibrierte ich am ganzen Leib durch die Kraft des Geistes Gottes.

Als ich in dieser Nacht endlich einschlief, hatte ich immer noch nicht verstanden, was in meinem Leben begonnen hatte.

Die ersten Worte, die ich sprach

Früh, sehr früh am nächsten Morgen war ich hellwach. Und ich konnte es nicht erwarten, mit meinem neugewonnenen Freund zu reden.

Und das waren die ersten Worte, die aus meinem Mund kamen: »Guten Morgen, Heiliger Geist!«

Im selben Moment, in dem ich diese Worte sagte, kehrte die herrliche Atmosphäre in mein Zimmer zurück. Diesmal fing ich allerdings nicht an zu zittern. Alles, was ich spürte, war, wie ich von seiner Gegenwart eingehüllt wurde.

In der Sekunde, in der ich sagte: »Guten Morgen, Heiliger Geist«, wußte ich, daß er in meinem Zimmer gegenwärtig war. Ich wurde nicht nur an diesem Morgen mit dem Heiligen Geist erfüllt, sondern jedesmal neu, wenn ich Zeit im Gebet verbrachte.

Wovon ich hier spreche, das geht über das Beten in Sprachen *hinaus*. Ich sprach eine himmlische Sprache, aber es war noch viel mehr. Der Heilige Geist wurde real. Er wurde mein Freund. Er wurde mein Begleiter, mein Berater.

Das erste, was ich an diesem Morgen tat, war, die Bibel zu öffnen. Ich wollte sicher sein. Und als ich die Heilige Schrift aufschlug, wußte ich, daß er bei mir war. Es war, als säße er neben mir. Nein, ich sah weder sein Gesicht noch seine Gestalt. Aber ich wußte, daß er da war. Und ich begann, seine Persönlichkeit kennenzulernen.

Von diesem Moment an bekam die Bibel für mich eine völlig neue Bedeutung. Ich sagte: »Heiliger Geist, zeige es mir im Wort Gottes.« Ich wollte wissen, warum er gekommen war, und er führte mich zu diesen Worten: »Wir aber haben nicht den Geist der Welt empfangen, sondern den Geist, der aus Gott stammt, damit wir das erkennen, was uns von Gott geschenkt worden ist« (1 Kor 2,12).

Als ich fragte, warum er mein Freund sein wollte, zeigte er mir die Worte von Paulus: »Die Gnade Jesu Christi, des

Herrn, die Liebe Gottes und die Gemeinschaft des Heiligen Geistes sei mit euch allen« (2 Kor 13,13).

Die Bibel wurde lebendig. Ich hatte nie wirklich die Bedeutung und Kraft der Worte verstanden: »Nicht durch Macht, nicht durch Kraft, allein durch meinen Geist« (Sach 4,6 b).

Immer wieder bestätigte er mir im Wort, was er in meinem Leben tat. Über acht Stunden lang an diesem ersten Tag, und dann lernte ich ihn Tag für Tag besser kennen.

Mein Gebetsleben veränderte sich. »Nun«, sagte ich, »Heiliger Geist, da du den Vater so gut kennst, wirst du mir helfen zu beten?« Und als ich zu beten begann, erlebte ich, daß der Vater mir plötzlich realer war als jemals zuvor. Es war, als hätte jemand eine Tür geöffnet und gesagt: »Hier ist er.«

Mein Lehrer und Leiter

Die Realität der Vaterschaft Gottes wurde mir klar wie nie zuvor. Das geschah nicht durch das Lesen eines Buches. Oder indem ich eine bestimmte Formel befolgte – A, B, C. Es geschah einfach dadurch, daß ich den Heiligen Geist bat, mir Gottes Wort zu öffnen. Und er tat es. »Denn alle, die sich vom Geist Gottes leiten lassen, sind Söhne Gottes. Denn ihr habt nicht einen Geist empfangen, der euch zu Sklaven macht, so daß ihr euch immer noch fürchten müßtet, sondern ihr habt den Geist empfangen, der euch zu Söhnen macht, den Geist, in dem wir rufen: Abba, Vater!« (Röm 8,14 – 15).

Ich begann, alles zu verstehen, was Jesus über den Heiligen Geist gesagt hatte. Er war mein Tröster, mein Lehrer, mein Leiter.

Zum ersten Mal verstand ich, was Jesus meinte, als er seinen Jüngern sagte: »Folgt mir nicht – denn wo ich hingehe, könnt ihr nicht mitkommen.« Er sagte ihnen: »Aber der Heilige Geist wird euch leiten. Er wird euch weiterführen.«

Was tat er? Christus gab ihnen einen anderen Leiter. Einen anderen, dem sie nachfolgen konnten.

Mein Forschen in der Bibel ging noch Wochen weiter – bis alle meine Fragen beantwortet waren. In dieser Zeit lernte ich den Heiligen Geist immer besser kennen. Und diese Gemeinschaft mit ihm besteht bis heute. Ich verstand, daß er bei mir war. Und mein ganzes Leben hat sich verwandelt. Ich glaube, das wird auch mit Ihrem Leben geschehen.

Als ich heute Morgen aufstand, sagte ich wieder: »Guten Morgen, Heiliger Geist!«

Von Jaffa bis an die Enden der Erde

Es war im Dezember 1952 in Jaffa in Israel.
Clemence Hinn lag im Krankenhaus und war kurz davor, ihr zweites Kind zur Welt zu bringen. Durch das Fenster des Entbindungszimmers bot sich ihr ein wunderschöner Anblick. Das tiefblaue Wasser des Mittelmeeres streckte sich unendlich aus. Aber das Herz dieser kleinen armenischen Frau war unruhig. Sie war von Bitterkeit, Angst und Scham gequält.
Weit entfernt konnte sie die schwarze Felsengruppe sehen, die Andromeda-Felsen. Die griechische Legende erzählt, daß das Mädchen Andromeda an einen dieser Felsen gekettet war, bis Perseus auf seinem geflügelten Pferd hinabflog, das Seeungeheuer tötete und sie errettete.
Clemence wünschte sich, daß jemand hinabkäme und sie vor einem weiteren Jahr der Demütigung und Schande retten würde. Sie war eine hingegebene griechisch-orthodoxe Christin, aber sie wußte nicht viel von Gott. In diesem bescheidenen Krankenhauszimmer jedoch versuchte sie, mit ihm einen Handel abzuschließen.
Als sie am Fenster stand, durchforschten ihre Augen den Himmel, und sie sprach von Herzen: »Gott, ich habe nur eine Bitte. Wenn du mir einen Sohn schenkst, werde ich ihn dir zurückgeben.«
Sie wiederholte es: »Bitte, Herr. Wenn du mir einen Sohn schenkst, will ich ihn dir zurückgeben.«

Jaffa

Sechs wunderschöne Rosen

Das erste Kind, das Costandi und Clemence Hinn geboren wurde, war ein liebes Mädchen mit Namen Rose. Aber in der festgefahrenen Kultur des Mittleren Ostens – und besonders in der Tradition der Familie Hinn – hätte das erstgeborene Kind ein Sohn und Erbe sein sollen.

Die Familie von Costandi, Einwanderer aus Griechenland, begann, Clemence dafür das Leben schwerzumachen, daß sie versagt und keinen Sohn zur Welt gebracht hatte. »Immerhin«, schalten sie, »haben alle deine Schwägerinnen Söhne bekommen.« Sie wurde verspottet und verhöhnt, bis ihr die Tränen kamen, und sie empfand Scham und Unwohlsein in einer Ehe, die ihre Eltern doch so sorgfältig arrangiert hatten.

Ihre Tränen waren noch kaum versiegt, als sie einschlief. Und während der Nacht hatte sie einen Traum, an den sie sich noch heute erinnert. »Ich sah sechs Rosen – sechs wunderschöne Rosen in meiner Hand«, sagte sie. »Und ich sah, wie Jesus mein Zimmer betrat. Er kam zu mir und bat mich um eine der Rosen. Und ich gab ihm eine Rose.«

Der Traum ging weiter: Ein kleiner, schlanker junger Mann mit dunklem Haar – sie erinnert sich an jedes Detail seines Gesichtes – kam auf sie zu und hüllte sie in eine warme Decke.

Als sie erwachte, fragte sie sich: »Was bedeutet dieser Traum? Was kann es sein?«

Am nächsten Tag, dem 3. Dezember 1952, wurde ich geboren.

Unsere Familie hatte schließlich sechs Jungen und zwei Mädchen, aber meine Mutter vergaß nie ihren Handel mit Gott. Später erzählte sie mir von ihrem Traum – und daß ich die Rose war, die sie Jesus schenkte.

Ich wurde in der griechisch-orthodoxen Kirche vom Patriarch von Jerusalem, Benedictus, getauft. Er gab mir sogar während der Taufzeremonie seinen Namen.

Im Heiligen Land zur Welt zu kommen hieß, in einer Atmosphäre geboren zu sein, in der die Religion unentrinnbare Schatten wirft, denen man nicht entgehen kann. Mit zwei Jahren wurde ich in eine katholische Vorschule geschickt und von da an vierzehn Jahre lang von Nonnen – und später von Mönchen – ausgebildet.

Für mich war Jaffa eine wunderschöne Stadt. Das ist auch die Bedeutung des Namens *Jaffa* – wunderschön. Jaffa auf Arabisch, Joppe in Altgriechisch, oder Jafo in Hebräisch. In jeder Sprache bedeutet es dasselbe.

Als Junge liebte ich es, historische Berichte über meine Umgebung zu hören. Jaffa wurde vor jeder Zeitrechnung gegründet. Sie wird als eine kanaanitische Stadt in den Tributlisten des Pharao Thutmosis III. im fünfzehnten Jahrhundert vor Christus erwähnt, sogar noch vor Josuas Schlacht um Jericho. Und in Jaffa ließ der phönizische König Hiram von Tyrus Zedernstämme zum Bau von Salomos Tempel abladen.

Obwohl faszinierend, war die Geschichte nicht freundlich gegenüber meiner Geburtsstadt gewesen. Jaffa wurde besetzt, erobert, zerstört und wieder und wieder aufgebaut. Simon, der Makkabäer, Vespasian, die Mamelucken, Napoleon und Allenby haben alle Anspruch auf sie erhoben.

Nur sechs Jahre bevor ich geboren wurde, fand sich Jaffa in einem neuen Staat wieder, dem prophetischen Staat Israel. Aber die Gemeinde selbst war nicht jüdisch.

Bürgermeister Hinn

Während meiner Kindheit war mein Vater Bürgermeister in Jaffa. Er war ein starker Mann, ungefähr 1,85 m groß, 110 kg schwer und von Natur aus eine Führernatur. Er war in jeder

Hinsicht stark – körperlich, geistig und was seinen Willen betraf.

Seine Familie kam von Griechenland nach Ägypten und ließ sich schließlich in Palästina nieder. Aber die Tatsache, nicht von hier zu sein, war allgemein verbreitet. Das Jaffa meiner Kindheit war wirklich eine internationale Stadt.

Wenn ich die Raziel Street zum Turmplatz hinunterlief, auf dem der Glockenturm von Abdul Hamid steht und das Gefängnis mit seinen Steinmauern und die 1810 gebaute Große Moschee, konnte ich Gespräche in Französisch, Bulgarisch, Arabisch, Jiddisch und anderen Sprachen hören. Und in den Kiosken und Straßencafés gab es Schischlik, Shuarma, Felafeln, Pittah-Brot und Dutzende andere Leckereien.

Hier lebte ich also, in Israel geboren, aber kein Jude. Aufgewachsen in einer arabischen Kultur, aber ohne arabische Herkunft. Ich besuchte eine katholische Schule, wurde aber zu Hause als Griechisch-Orthodoxer erzogen.

In diesem Teil der Erde lernt man leicht verschiedene Sprachen. Ich war immer der Meinung, jeder müßte mindestens drei oder vier sprechen können. Zu Hause wurde Arabisch gesprochen, aber in der Schule lehrten die katholischen Nonnen auf Französisch, außer dem Alten Testament, das in Althebräisch studiert wurde.

Im Laufe meiner Kindheit wurden die hunderttausend Menschen in Jaffa von der explodierenden jüdischen Bevölkerung von Tel Aviv her bis in den Norden überflutet. Heute trägt die Metropole den offiziellen Namen Tel Aviv-Jaffa. Über vierhunderttausend Menschen leben in der Region.

Tel Aviv begann übrigens 1909 als jüdisches Experiment, als sechzig Familien zwölf Hektar Sanddünen nördlich von Jaffa kauften und sich dort niederließen. Sie hatten die beengten Verhältnisse und die lauten arabischen Wohnviertel satt, in denen sie zuvor gelebt hatten. Der Ort expandierte so stark, daß Tel Aviv die größte Stadt Israels wurde.

Obwohl mein Vater kein Jude war, vertrauten ihm die israelischen Führer. Und sie waren froh, jemanden in Jaffa zu haben, der mit einer so internationalen Gemeinschaft umzugehen verstand. Wir waren stolz auf seinen Freundeskreis, dem viele auf nationaler Ebene führende Persönlichkeiten angehörten. Er wurde gebeten, als Botschafter für Israel ins Ausland zu gehen, aber er entschied sich, in Jaffa zu bleiben.

Allerdings blieb nur wenig Zeit für die Familie. Ich kann eigentlich nicht sagen, daß ich meinen Vater damals kannte. Er schien ständig bei irgendwelchen wichtigen Treffen oder offiziellen Anlässen unterwegs zu sein.

Er war keine aufbrausende Person, nur streng – und selten zeigte er irgendwelche Zeichen von Gefühl (meine Mutter allerdings um so mehr). Auch hierbei spielte die Kultur eine Rolle. Männer waren eben Männer!

Wir hatten ein angenehmes Leben. Vaters Position in der Regierung ermöglichte es uns, in einem Vorort von Jaffa zu leben. Wir wohnten in einem wunderschönen Haus, und um den Garten war aus Sicherheitsgründen eine hohe Schutzmauer mit Glasaufsatz. Meine Mutter war Hausfrau und gab uns ein vollkommenes Zuhause; die Erziehung der Hinn-Kinder war mehr als ein Vollzeitjob.

Der katholische Kokon

Im Laufe meiner Schulzeit begann ich, mich als Katholiken zu sehen. Dieser Prozeß begann sehr früh. Die Vorschule, die ich besuchte, war schon eher ein Konvent. Regelmäßig wurde Messe gefeiert. Meine Eltern protestierten nicht, weil eine Erziehung an einer katholischen Privatschule als das Beste galt, was man seinen Kindern bieten konnte.

Während der Woche lernte ich bei den Nonnen, und sonntags ging ich mit Vater und Mutter in die griechisch-orthodoxe Kirche. Aber in dem vielsprachigen Jaffa wurde das nicht als problematisch angesehen. Die Loyalität zu einer bestimmten Kirche hatte keine große Bedeutung.

War ich Katholik? Absolut. Der Katholizismus bestimmte mein Gebetsleben. Er beanspruchte fünf Tage in der Woche meine Zeit und Aufmerksamkeit. Er wurde zu meiner Mentalität. Ich lebte praktisch in dem Konvent, und in dieser Umgebung verlor ich immer mehr meinen Kontakt zur Welt.

Ich war auch noch auf eine andere, unglückliche Weise von der Welt getrennt. Von frühester Kindheit an litt ich unter einem starken Stottern. Das kleinste Maß an Druck oder Nervosität verursachte mein Stammeln; es war fast unerträglich. Ich hatte große Schwierigkeiten, Freunde zu gewinnen. Einige Kinder machten sich über mich lustig – andere wollten von vornherein nichts mit mir zu tun haben.

Ich wußte sehr wenig über die Geschehnisse in der Welt – nur das, was ich der Meinung meiner Lehrer nach wissen sollte. Aber ich war Experte, was das Leben als Katholik angeht. Während meiner Schulzeit besuchte ich auch das »Collège de Frères« (Brüderkolleg), wo ich von Mönchen unterrichtet wurde.

Schon als kleiner Junge war ich extrem religiös. Ich betete und betete – wahrscheinlich mehr, als manche Christen heutzutage beten. Aber alles, was ich an Gebeten kannte, war das »Ave-Maria«, das Glaubensbekenntnis, das Vaterunser und andere vorformulierte Gebete.

Nur selten sprach ich wirklich mit Gott. Wenn ich ein bestimmtes Anliegen hatte, erwähnte ich es. Ansonsten war mein Gebetsleben sehr gut organisiert und sehr routiniert.

Die eine Maxime schien zu sein: »Du solltest Schmerzen haben, wenn du betest.« Und das war einfach. Man konnte sich praktisch nirgendwo anders hinknien als auf dem weißen Steinboden. Die meisten Häuser wuden aus diesem Stein gebaut. Und die Schulen, die ich besuchte, hatten keinen Teppich, nur kahle, weiße Steinböden.

Ich begann tatsächlich zu glauben, daß wenn man beim Bittgebet nicht litt, Gott nicht hören würde, und Leiden die beste Methode war, bei Gott Gefallen zu finden.

Obwohl ich kaum etwas an Spiritualität vermittelt bekam, bin ich doch dankbar für das grundlegende Wissen über die Bibel, das ich bekam. Oft denke ich: »Wie viele Kinder werden schon auf Hebräisch im Alten Testament unterrichtet?« Und unsere Exkursionen im Heiligen Land ließen Gottes Wort wirklich lebendig werden.

Einmal reisten wir in die Negev-Wüste zu den Brunnen, die Abraham gegraben hatte und lernten etwas über diesen Mann. Diese Erfahrung wird mir unvergessen bleiben.

Sein Gewand war weißer als weiß

Mehrere Male in meinem Leben hat Gott durch eine Vision zu mir gesprochen. Einmal geschah es während meiner Jahre in Jaffa, als ich gerade elf war.

Ich glaube wirklich, daß Gott in diesem Moment begann, in meinem Leben zu wirken. Ich erinnere mich an diese Vision, als wäre es gestern gewesen. Ich sah, wie Jesus in mein Zimmer kam. Er trug ein strahlend weißes Gewand und einen roten Mantel darüber.

Ich sah sein Haar. Ich schaute in seine Augen. Ich sah die Nägelmale an seinen Händen. Ich sah alles.

Sie müssen verstehen, daß ich Jesus nicht kannte. Ich hatte Christus nicht gebeten, in mein Herz zu kommen. Aber in dem Moment, in dem ich ihn sah, erkannte ich ihn. Ich wußte, es war der Herr.

Als das geschah, schlief ich gerade, aber plötzlich wurde mein kleiner Körper von einem unglaublichen Empfinden erfaßt, das wie elektrischer Strom wirkte. Es fühlte sich an, als hätte mich jemand an eine Stromleitung angeschlossen. Ich fühlte eine Taubheit und ein Stechen wie von Nadeln – von Tausenden von Nadeln, das durch meinen Körper ging.

Und dann stand der Herr vor mir, während ich in einem tiefen, tiefen Schlaf lag. Er schaute mich mit seinen wunderschönen Augen direkt an. Er lächelte, seine Arme waren weit ausgebreitet. Ich konnte seine Gegenwart spüren. Es war wunderbar, ich werde es nie vergessen.

Der Herr sagte kein Wort zu mir. Er schaute mich nur an. Und dann verschwand er.

Sofort war ich hellwach. Damals konnte ich kaum verstehen, was geschah, aber es war kein Traum. Diese Art von Gefühlen gibt es in Träumen nicht. Gott erlaubte mir, eine Vision zu erleben, die einen unauslöschlichen Eindruck in meinem Leben hinterließ.

Als ich erwachte, war das wundersame Gefühl noch da. Ich öffnete die Augen und schaute umher, aber diese intensive, mächtige Kraft war immer noch in mir. Ich fühlte mich völlig gelähmt. Ich konnte mich nicht rühren. Noch nicht einmal mit den Wimpern zucken. Ich war völlig erstarrt. Und doch hatte ich mich unter Kontrolle. Dieses ungewöhnliche Gefühl ergriff mich – aber es überwältigte mich nicht.

Ich fühlte mich sogar so, daß ich hätte sagen können: »Nein, das will ich nicht«, und diese Erfahrung hätte geendet. Aber ich sagte gar nichts. Während ich wach dalag, blieb dieses Gefühl in mir, bis es langsam verschwand.

Am nächsten Morgen erzählte ich meiner Mutter von meinem Erlebnis, und sie erinnert sich noch heute daran, was sie mir sagte: »Dann mußt du ein Heiliger sein.«

Solche Dinge passierten den Menschen in Jaffa nicht, weder den Katholiken noch den Griechisch-Orthodoxen. Natürlich war ich ganz sicher kein »Heiliger«, aber meine Mutter glaubte, daß, wenn Jesus zu mir kam, er mich zu etwas Höherem berufen würde.

Während Gott so in meinem Leben wirkte, kamen noch andere Faktoren hinzu, die die Zukunft meiner Familie für immer verändern sollten.

Die Enden der Erde

Von Gaza zu den Golanhöhen

Das Leben in Israel während der 60er Jahre war von wachsenden politischen Spannungen geprägt. Fast täglich kam es an den Grenzen zu Ägypten, Jordanien und Syrien zu arabischen Überfällen auf Israel. Und die israelische Armee vergalt jedesmal mit Überfällen ihrerseits.

Im Mai 1967 bereiteten Israel und die drei arabischen Staaten ihre Armeen auf den Ernstfall vor. Auf Antrag von Ägypten verließen die Truppen der Vereinten Nationen den Gazastreifen und die Sinaihalbinsel.

Am 5. Juni 1967 drangen dann israelische Flieger in die Lufträume von Ägypten, Jordanien und Syrien ein. Damit begann der sogenannte Sechs-Tage-Krieg. In weniger als einer Woche zerstörten die Israelis die arabischen Luftwaffen fast vollständig. Israelische Truppen besetzten den Gazastreifen, die Sinaihalbinsel, die Westbank und die syrischen Golanhöhen. Plötzlich hatte Israel ein arabisches Territorium unter Kontrolle, das mehr als dreimal so groß war wie Israel selbst.

Ich werde nie vergessen, wie mein Vater Anfang 1968 eines Tages die Familie zusammenrief und uns von seinen Plänen zur Auswanderung berichtete. Er sagte: »Bitte sprecht mit keinem darüber, es könnte einige Probleme mit unseren Ausreisevisa geben.«

Anfangs war geplant, nach Belgien zu ziehen. Vater hatte dort einige Verwandte, und der Gedanke daran, in ein französischsprachiges Land zu reisen, schien aufregend. Es war ja die Sprache, die ich während meiner Schulzeit sprach.

Dann kam eines Abends ein Attaché von der kanadischen Botschaft zu uns nach Hause und zeigte uns einen kurzen Film über das Leben in Kanada. Toronto schien eine faszinierende Stadt zu sein. Vater hatte zwei Brüder, die dort lebten, aber wir bezweifelten, daß sie die nötigen Mittel hatten, um uns offiziell zu unterstützen.

Die Fragen bezüglich unseres Weggangs aus Israel schienen von Tag zu Tag schwieriger zu werden. Eines Tages sagte mein Vater uns, daß es vielleicht noch fünf Jahre dauern würde, bevor wir ausreisen konnten.

Ich handelte mit Gott

Zu dieser Zeit wollten wir alle so dringend aus Israel weg, daß ich auf meine Knie ging – auf diesem Felsen in Jerusalem – und Gott ein Versprechen gab. »Herr«, betete ich, »wenn du uns hier herausbringst, dann bringe ich dir den größten Krug Olivenöl, den ich finden kann.« Und dann fügte ich hinzu: »Wenn wir in Toronto ankommen, bringe ich ihn in eine Kirche und schenke ihn dir am Erntedankfest.«

Von meiner Erziehung her war es nicht ungewöhnlich, mit Gott zu handeln. Und Olivenöl war ein wertvoller Artikel. Also legte ich dieses Gelöbnis vor Gott ab.

Innerhalb der nächsten Wochen rief ein junger Mann von der kanadischen Botschaft meinen Vater an und sagte: »Herr Hinn, wir haben alles in den Griff bekommen – fragen Sie mich nicht wie. Alle Ihre Papiere sind in Ordnung, und Sie können abreisen, wann immer Sie fertig sind.«

Wir brauchten nicht lang. Wir verkauften fast all unseren Besitz und bereiteten uns auf ein neues Leben in Nordamerika vor.

Während dieser letzten Tage im Heiligen Land war ich voller Spannung und Vorahnung, daß etwas Großartiges geschehen würde. Ich wußte, daß ich dabei war, eine sehr besondere Stadt zu verlassen, aber ich spürte, daß das Beste noch auf mich wartete.

Es war der Hafen der alten Stadt Joppe – meinem Jaffa –, von dem aus Jona startete. Und das Ergebnis war die Errettung Ninives.

Und wie viele Male war ich zur Zitadelle hochgestiegen, den hohen Berg hinauf, der über dem Hafen liegt. In der Nähe des Leuchtturmes befindet sich eine franziskanische Kirche aus dem Jahr 1654. Gleich daneben ist die Stelle, wo das Haus von Simon, dem Gerber, gestanden hatte, bei dem Petrus eine Weile gewohnt hatte. Hier hatte er die Vision, die die Welt veränderte. Er hörte die Stimme Gottes, die ihm sagte, er solle Juden wie Heiden in die Kirche aufnehmen, und Petrus antwortete: »Wahrhaftig, jetzt begreife ich, daß Gott nicht auf die Person sieht, sondern daß ihm in jedem Volk willkommen ist, wer ihn fürchtet und tut, was recht ist« (Apg 10,34 – 35).

Von diesem Augenblick an wurde die Botschaft Christi von Joppe nach Cäsarea und bis an die Enden der Erde weitergetragen – bis sie die ganze Menschheit erfaßte.

Während wir die Hagana Road zum Flughafen Lod entlangfuhren, fragte ich mich: »Werde ich diesen Ort je wiedersehen?« Ich dachte über die katholischen Nonnen nach, die mich so liebevoll gelehrt hatten. Hatte ich ihre Gesichter zum letzten Mal gesehen?

Durch das Flugzeugfenster blickte ich ein letztes Mal auf Tel Aviv, dieser riesigen Ansammlung von grau-weißen Würfeln. Hinter mir lagen kilometerweise dunkelgrüne Orangenhaine. Die judäischen Hügel glitzerten schwach am Horizont.

Und als wir über das Mittelmeer flogen, sah ich nach unten und sagte Jaffa ein letztes Mal auf Wiedersehen. Ich hatte einen Kloß im Hals. Ich war vierzehn, und Jaffa war die einzige Heimat gewesen, die ich je gekannt hatte.

Eiskrem am Kiosk

Die Ankunft der Familie Hinn in Toronto im Juli 1968 war ein unvorangekündigtes Geschehnis. Und genauso wollte es mein Vater. Kein Begrüßungskomitee hieß uns willkommen und keine Arbeit war für ihn in Aussicht.

Wir kamen an mit unseren Kleidern auf dem Rücken, ein paar wenigen Besitztümern in Koffern und etwas Geld von dem, was wir in Jaffa verkauft hatten. Es war genug, um uns für kurze Zeit über Wasser zu halten.

Unser neues Leben begann in einer Mietswohnung.

Welch ein Schock, plötzlich in einer »fremden« Kultur zu landen. Ich konnte in verschiedenen Sprachen stottern, aber Englisch gehörte nicht dazu. »Eins, zwei, drei«, das war alles, was ich sagen konnte. Aber Daddy hatte genug Englisch gelernt, um eine Bewerbung zu schreiben. Und es funktionierte. Er nahm die Herausforderung an und wurde Versicherungskaufmann.

Ich weiß nicht, ob es die Last war, eine große Familie zu versorgen oder sein natürliches Vertrauen im Umgang mit Menschen, aber mein Vater hatte sofort Erfolg in seinem neuen Beruf. Und in wenigen Monaten zogen wir in unser eigenes Haus ein. Wir waren alle sehr stolz darauf.

Für mich änderte sich das Leben rapide. Anstatt eine katholische Privatschule zu besuchen, ging ich nun zu einer öffentlichen Mittelschule – »Georges Vanier Secondary School«. Und da die meisten Kinder in der Schule schon Teilzeitjobs hatten, wollte ich auch einen.

Wir lebten in North York in Toronto, und ganz in unserer Nähe hatte kürzlich ein neues Einkaufszentrum aufgemacht. Ich bewarb mich an einem kleinen Kiosk, der Hamburger und Eiskrem verkaufte. Obwohl ich noch keinerlei Erfahrung hatte, wurde ich angestellt. Ich ging jeden Tag nach der Schule dorthin.

Eines Samstags ging ich dann aber in ein Lebensmittelgeschäft und fragte den Chef: »Wo kann ich Olivenöl finden? Ich brauche die größte Flasche, die Sie haben.« Zum Glück hatte er für mich eine große Flasche.

Am nächsten Tag ging ich stolz in die griechisch-orthodoxe Kirche und löste mein Versprechen bei Gott ein. Ich stellte das

Öl vor den Altar und sagte leise: »Danke, Herr. Danke, daß du uns sicher in unsere neue Heimat gebracht hast.«

Mein Herz war so voll wie die Flasche Olivenöl.

Im Kiosk verrichtete ich meine Arbeit. Wegen meines Stotterns hatte ich nicht viele Unterhaltungen, aber dafür wurde ich ein Spezialist darin, Eis in die Waffeln zu füllen. Mein Kollege, mit dem ich zusammenarbeitete, hieß Bob.

Hatte Bob seinen Verstand verloren?

Ich werde nie den Tag im Jahr 1970 vergessen, als ich zur Arbeit kam und feststellte, daß Bob etwas sehr Seltsames getan hatte. Überall an den Wänden des kleinen Kiosks hatte er kleine Zettel angeklebt, auf denen Bibelverse geschrieben standen. Ich dachte, er sei verrückt geworden.

Ich wußte, daß er Christ war – das hatte er mir erzählt. Aber ging das jetzt nicht ein bißchen zu weit? Ich sagte zu mir: »Warum tut er das? Ist das für mich? Ich kenne die Bibel wahrscheinlich besser als er.«

Schließlich fragte ich ihn: »Was bezweckst du mit diesen ganzen Zetteln?« Sofort begann er, mir sein Zeugnis zu erzählen. Ich dachte, er würde nie aufhören. Und als es vorbei war, war ich entschlossen, mich so weit wie möglich von diesem verrückten Typen fernzuhalten.

Lange Zeit versuchte ich, ihn zu meiden. Aber das war fast unmöglich. Immerhin mußten wir ja zusammenarbeiten. Immer wieder kam er auf das Thema Religion zu sprechen. Und noch mehr als das. Er wollte über das »Wiedergeboren werden« sprechen, ein Ausdruck, der nicht zu meinem begrenzten Vokabular gehörte – und auch nicht zu meiner Sicht der Bibel.

Schließlich kündigte Bob am Kiosk, aber viele seiner Freunde gingen mit mir zur Schule. Die nächsten zwei Jahre bemühte ich mich redlich, ihnen aus dem Weg zu gehen. Ich dachte: »Sie sind ein Haufen Verrückter.« Sie sahen komisch aus. Sie redeten komisch. Sie sagten genau das Gegenteil von dem, was die Nonnen mich gelehrt hatten.

Während meines letzten Schuljahres in Georges Vanier hatte ich zum zweiten Mal in meinem Leben eine Begegnung mit Gott. Er kam in mein Zimmer und besuchte mich – dieses Mal in Form eines unvergeßlichen Traumes.

In Jaffa, als ich elf war, hatte die Vision von Jesus, wie er vor mir stand, einen unauslöschlichen Eindruck in mir hinterlassen. Aber nun in Toronto beschäftigte ich mich nicht mehr so intensiv mit der Bibel. Natürlich ging ich noch zur Kirche. Aber was nun geschah, kam völlig unerwartet, und ich war sprachlos vor Überraschung über dieses Erlebnis.

Lassen Sie mich genau erzählen, was in jener kalten Nacht im Februar 1972 geschah.

Im Traum ging ich eine lange, dunkle Treppe hinunter. Sie war so steil, daß ich dachte, ich würde stürzen. Sie führte mich in eine tiefe, endlose Schlucht.

Ich war mit einer Kette an zwei Gefangene vor und hinter mir gefesselt und hatte Sträflingskleidung an. An meine Füßen und um meine Handgelenke waren Ketten gelegt. Soweit ich nach vorn und nach hinten sehen konnte, war da eine unendlich lange Schlange von Gefangenen.

Dann sah ich im unheimlichen Dunst des schwach erleuchteten Ganges Dutzende kleiner Menschen umhergehen. Sie sahen aus wie Außerirdische mit seltsam geformten Ohren. Ich konnte ihre Gesichter nicht erkennen, und ihre Umrisse waren kaum sichtbar. Aber offensichtlich wurden wir von ihnen diese Treppe hinuntergezerrt wie eine Herde Vieh zum Schlachthaus – oder sogar noch schlimmer.

Plötzlich tauchte aus dem Nichts der Engel des Herrn auf. Oh, welch ein wunderbarer Anblick. Das himmlische Wesen schwebte genau über mir, nur ein paar Schritte entfernt.

Nie in meinem Leben hatte ich so etwas gesehen – nicht einmal im Traum. Ein heller, wunderschöner Engel inmitten dieses dunklen, schwarzen Loches.

Als ich erneut schaute, machte der Engel eine Handbewegung und bedeutete mir, mitzukommen. Dann sah er in meine Augen und rief meinen Namen. Meine Augen klebten an seinen, und ich begann, auf ihn zuzugehen. Sofort fielen die Ketten von meinen Händen und Füßen. Ich war nicht mehr an meine Mitgefangenen gefesselt.

Eilig leitete mich der Engel durch eine offene Tür, und in dem Augenblick, in dem ich ins Licht trat, nahm mich das himmlische Wesen an der Hand und ließ mich in der Don Mills-Straße allein – direkt an der Ecke der Georges Vanier-Schule. Er verließ mich nur ein paar Zentimeter von der Schulmauer entfernt, gleich neben einem Fenster.

Von einer Sekunde auf die andere war der Engel verschwunden. Ich wachte früh auf, rannte zur Schule und ging in die Bibliothek, bevor der Unterricht begann.

»Ich konnte kaum mit den Wimpern zucken«

Während ich dasaß und noch nicht einmal an den Traum dachte, kam eine kleine Gruppe von Schülern zu meinem Tisch herüber. Ich erkannte sie sofort. Es waren die, die mir immer mit ihrem »Jesus-Gequatsche« auf die Nerven gefallen waren.

Sie luden mich zu ihrem morgendlichen Gebetstreffen ein. Der Raum lag genau neben der Bibliothek. Ich dachte: *Nun, ich werde ihnen den Gefallen tun, damit sie mich in Ruhe lassen. Ein kleines Gebetstreffen wird mir nicht schaden.*

Ich sagte: »Okay«, und sie gingen mit mir in den Raum. Es war eine kleine Gruppe, nur zwölf oder fünfzehn und mein Stuhl stand genau mittendrin.

Plötzlich erhob die ganze Gruppe ihre Hände und begann, in einer seltsamen, fremden Sprache zu beten. Ich schloß meine Augen nicht. Ich konnte kaum mit den Wimpern zucken. Hier standen Schüler, siebzehn, achtzehn, neunzehn Jahre alt, Leute, die ich von der Schule kannte, und priesen Gott mit plappernden, unsinnigen Lauten.

Ich hatte noch nie ein Sprachengebet gehört, und ich war verblüfft. Sich vorzustellen, daß Benny, in einer öffentlichen Schule, auf öffentlichem Grundstück, inmitten einer Gruppe plappernder Fanatiker saß! Es war fast unbegreiflich für mich. Ich betete nicht. Ich beobachtete nur.

Was als nächstes geschah, übertraf wieder meine ganze Vorstellungskraft. Mich überkam plötzlich ein Drängen zu beten. Aber ich wußte wirklich nicht, was ich sagen sollte. Das »Ave-Maria« erschien mir unpassend für das, was ich empfand. In meinem gesamten Religionsunterricht hatte ich nie ein »Sündergebet« gelernt. Alles, an was ich mich bei meinen Begegnungen mit den »Jesus People« erinnern konnte, war der Satz: »Du mußt Jesus kennenlernen.« Diese Worte schienen mir aber auch unpassend, weil ich meinte, Jesus bereits zu kennen.

Es war ein unangenehmer Moment. Keiner betete mit mir oder für mich. Und doch war ich von einer so intensiven geistlichen Atmosphäre umgeben, wie ich es noch nie erlebt hatte. War ich ein Sünder? Ich glaubte nicht. Ich war einfach ein guter kleiner katholischer Junge, der jeden Abend seine Schuld bekannte, ob ich es nun nötig hatte oder nicht.

Aber in diesem Moment schloß ich meine Augen und sagte vier Worte, die mein Leben für immer veränderten. Geradeheraus sagte ich laut: »Herr Jesus, komm zurück.«

Ich weiß nicht, warum ich das sagte, aber das war alles, was aus meinem Mund kam. Ich wiederholte diese Worte wieder und wieder. »Herr Jesus, komm wieder. Herr Jesus, komm wieder.«

Dachte ich, er hätte mich oder mein Leben verlassen? Ich wußte es wirklich nicht. Aber in dem Moment, in dem ich diese Worte aussprach, überkam mich ein Gefühl – es brachte mich zurück zu dieser Benommenheit – das ich schon im Alter von elf Jahren erlebt hatte. Es war weniger intensiv, aber ich konnte die Energie genauso stark spüren. Sie durchströmte meinen Körper.

Was ich tatsächlich fühlte war aber, daß diese Kraft mich reinigte – sofort, von innen heraus. Ich fühlte mich völlig rein, unbefleckt und sauber.

Plötzlich sah ich Jesus mit meinen eigenen Augen. Es geschah in einem Moment. Da war er. Jesus.

Fünf Minuten vor acht

Die Schüler um mich herum konnten nicht ahnen, was da in meinem Leben geschah. Sie beteten alle. Dann gingen sie einer nach dem anderen in ihre Klassenräume.

Es war fünf vor acht. Ich saß da und weinte. Ich wußte nicht, was ich sagen oder tun sollte.

Damals verstand ich es nicht, aber Jesus wurde mir so real wie der Boden unter meinen Füßen. Ich betete nicht richtig, nur diese vier Worte. Aber ich wußte ohne Zweifel, daß an diesem Februarmorgen etwas Ungewöhnliches geschehen war.

Ich kam fast zu spät in den Geschichtsunterricht. Geschichte gehörte zu meinen Lieblingsfächern. Wir nahmen gerade die chinesische Revolution durch. Aber ich konnte den Lehrer nicht einmal hören. Ich kann mich an kein Wort mehr erinnern, das er sagte. Das Gefühl, das an jenem Morgen über mich gekommen war, ging nicht weg. Jedesmal, wenn ich die Augen schloß, war er da – Jesus. Und wenn ich meine Augen öffnete, war er immer noch da. Das Bild von Jesu Gesicht verschwand nicht.

Den ganzen Tag über wischte ich mir die Tränen aus den Augen. Und das einzige, was ich sagen konnte, war: »Jesus, ich liebe dich ... Jesus, ich liebe dich.«

Als ich aus der Schule kam und den Bürgersteig bis zur Ecke entlangging, schaute ich zum Fenster der Bibliothek. Und jetzt wurde mir alles klar.

Der Engel. Der Traum. Alles wurde wieder real.

Was wollte mir Gott sagen?

Was geschah mit Benny?

Tradition, Tradition

Als ich in mein Zimmer kam, wurde ich von der großen Bibel mit dem schwarzen Einband angezogen wie von einem Magneten. Es war die einzige Bibel in unserem Haus. Mutter und Vater hatten keine. Ich hatte keine Ahnung, woher ich sie hatte, aber sie hatte mir gehört, solange ich mich entsinnen konnte.

Seit unserer Ankunft in Kanada war darin kaum geblättert worden, aber nun betete ich: »Herr, du mußt mir zeigen, was heute mit mir passiert ist.« Ich öffnete die Schrift und begann, sie zu verschlingen wie ein Verhungernder, der einen Laib Brot bekommt.

Der Heilige Geist wurde mein Lehrer. Zu dieser Zeit war es mir zwar nicht bewußt, aber genau dies begann auf wunderbare Weise zu geschehen. Sehen Sie, die Jungen in dem Gebetstreffen sagten nicht: »Also, schau hier, das steht in der Bibel.« Sie sagten mir überhaupt nichts. Sie hatten ja noch nicht einmal eine Ahnung, was während der letzten vierundzwanzig Stunden geschehen war. Und ich sagte natürlich auch meinen Eltern keinen Ton davon.

Ich begann, die Evangelien zu lesen. Ich hörte mich selbst sagen: »Jesus, komm in mein Herz. Bitte, Herr Jesus, komm in mein Herz.«

In immer mehr Bibelstellen entfaltete sich vor mir der Erlösungsplan. Es war, als hätte ich dieses Buch noch nie gelesen. Oh, mein Freund, die Bibel lebte. Die Worte sprudelten wie aus einer Quelle hervor, und ich trank mich satt daran.

Um drei oder vier Uhr morgens schlief ich schließlich mit einem stillen Frieden, den ich nie zuvor empfunden hatte, ein.

Dazugehören

Am nächsten Tag in der Schule suchte ich diese »Fanatiker« und sagte: »He, ich will mit euch in die Kirche gehen.« Sie erzählten mir von ihren wöchentlichen Treffen und boten mir an, mich an einem der nächsten Tage mitzunehmen.

An jenem Donnerstagabend fand ich mich in der »Katakombe« wieder. So nannten sie es. Der Gottesdienst war wie das morgendliche Gebetstreffen in der Schule – die Leute hoben ihre Hände und priesen Gott. Diesmal jedoch machte ich mit.

»Jahwe-Jireh, mein Versorger, seine Gnade ist genug für mich« sangen sie immer wieder. Ich mochte das Lied sofort und war um so begeisterter, als ich erfuhr, daß es die Frau des Pastors, Merla Watson, geschrieben hatte. Ihr Mann, Merv, war der Hirte dieser äußerst ungewöhnlichen Herde.

Die Katakombe war keine typische Kirchengemeinde. Die Leute dort waren eine Truppe begeisterter Christen, die jeden Donnerstagabend in der St. Paul's Kathedrale, einer anglikanischen Kirche im Zentrum Torontos, zusammenkamen.

Es war die Zeit der »Jesus-Bewegung«, als die sogenannten »Hippies« schneller gerettet wurden, als sie ihre Haare abschneiden konnten.

Ich schaute mich um. Der Raum war voll von jungen Leuten wie ich. Das hätten Sie sehen müssen. Sie sprangen herum, tanzten und klatschten – es war ein fröhlicher Lärm, den sie dem Herrn bereiteten. Es war schwer für mich zu glauben, daß ein Ort wie dieser tatsächlich existierte. Aber irgendwie fühlte ich mich vom ersten Abend an dazugehörig.

»Geh hin«

Am Ende des Abends sagte Merv Watson: »Ich möchte, daß alle, die öffentlich ihre Sünden bekennen wollen, nach vorne kommen. Wir werden mit euch beten und Christus bitten, in eure Herzen zu kommen.«

Ich begann zu zittern. Aber ich dachte: »Ich glaube nicht, daß ich nach vorn gehen sollte, denn ich bin ja schon erlöst.« Ich wußte, daß Gott am Montagmorgen, fünf Minuten vor acht Uhr, das Ruder in meinem Leben übernommen hatte. Nun war Donnerstag.

Ich hatte es geahnt. Innerhalb von Sekunden war ich dabei, so schnell ich konnte den Gang zwischen den Stuhlreihen entlangzugehen. Ich wußte nicht, warum ich das tat. Aber irgend etwas in meinem Inneren sagte mir: »Geh da vor.«

In diesem Moment, in diesem charismatischen Gottesdienst in einer anglikanischen Kirche, bekannte dieser gute, kleine Katholik mit griechisch-orthodoxem Hintergrund öffentlich seine Bekehrung zu Christus. »Jesus«, sagte ich, »bitte sei du Herr in meinem Leben.«

Da kam das Heilige Land nicht mit. Wieviel besser war es, da zu sein, wo Jesus jetzt war, als da, wo er früher einmal gewesen war.

Als ich an diesem Abend nach Hause kam, war ich so von Gottes Gegenwart erfüllt, daß ich mich entschloß, meiner Mutter zu erzählen, was geschehen war. (Um es meinem Vater zu erzählen, fehlte mir der Mut.)

»Mama, ich muß dir was erzählen«, flüsterte ich. »Ich bin erlöst!«

Augenblicklich blieb ihr Mund offenstehen. Sie starrte mich an und sagte kühl: »Erlöst wovon?«

»Glaube mir«, sagte ich, »du wirst es verstehen.«

Am Freitagmorgen und während des ganzen Tages – in der Schule, am Kiosk, überall, wo ich hinging, blitzte immer wieder ein Bild vor meinem inneren Auge auf. Ich sah mich predigen. Es war undenkbar, aber ich konnte dieses Bild nicht loswerden. Ich sah Massen von Menschen. Und da stand ich im Anzug, mit ordentlich geschnittenen Haaren und predigte stürmisch.

Außerdem begegnete ich an diesem Tag Bob, meinem »komischen« Freund, der einst den Kiosk mit Bibelsprüchen gepflastert hatte. Ich erzählte ihm ein wenig von dem, was mit mir geschehen war. Und ich erzählte ihm, daß ich mich selbst predigen gesehen hatte.

»Bob«, sagte ich, »das geht nun schon den ganzen Tag so. Ich werde dieses Bild nicht los, wie ich in riesigen Stadien, in Kirchen, in Konzerthallen predige.« Nun begann ich zu stottern und fuhr fort: »Ich sehe Menschen, so weit das Auge reicht. Ich glaub, ich werde verrückt! Was meinst du, bedeutet das?«

»Das kann nur eins sein«, sagte er mir. »Gott bereitet dich auf einen großen Dienst vor. Ich finde es toll.«

Ausgestoßen

Zu Hause bekam ich eine solche Ermutigung nicht. Ich konnte ihnen natürlich nicht erzählen, was Gott in meinem Leben tat.

Die Situation war fürchterlich.

Demütigung und Schande

Meine gesamte Familie begann, über mich zu lästern und machte sich über mich lustig. Es war schrecklich. Von meinem Vater hatte ich so eine Reaktion erwartet, aber nicht von meiner Mutter. Sie hatte mir während meiner Kindheit soviel Liebe geschenkt, genauso wie meinen Geschwistern. Aber nun behandelten sie mich mit Verachtung – wie einen Eindringling, der nicht zu ihnen gehörte.

Tradition! Tradition! heißt es in dem Lied »Fiddler on the Roof« (Fiedler auf dem Dach) aus dem Musical »Anatevka«. Wenn ein orthodoxer Christ mit seiner Tradition bricht, begeht er eine unverzeihliche Sünde. Ich bezweifle, daß der Westen die Schwere dieses Vergehens jemals wirklich verstehen wird. Jemand, der so etwas tut, bringt Demütigung über seine Familie. Und das kann nicht verziehen werden.

Meine Familie sagte mir: »Benny, du ruinierst unseren Familiennamen.« Sie flehten mich an, den Ruf der Familie nicht zu entehren. Mein Vater war Bürgermeister gewesen, – und er erinnerte mich daran. Es ging um den Ruf und Namen unserer Familie.

Bitte verstehen Sie mich richtig. Die Griechisch-Orthodoxen und die Menschen aus anderen östlichen, »hoch«-kirchlichen Kreisen sind wahrscheinlich diejenigen, die nur schwer zu einem »persönlichen« christlichen Glauben finden können.

Als ich wiedergeboren und Christ wurde, war das tatsächlich eine Schande für sie. Warum? Weil sie glauben, daß sie die *echten* Christen seien. Und sie haben die historischen Belege dafür. Sie sind länger Christen als irgend jemand anders.

Aber hier liegt auch das Problem, und ich bin damit aufgewachsen. Ihr Glaube beschäftigt sich viel mit Formen, Riten, Dogmen, aber wenig mit Gottes Salbung. Die Kraft fehlt. Und daher haben sie so gut wie gar kein Verständnis davon, was es heißt, von Gott zu hören oder vom »Geist geleitet« zu sein.

Es wurde ganz klar, daß, wenn ich zu Hause wohnen bleiben wollte, ich nicht mehr über Christus sprechen durfte.

Aber auch dies konnte das Feuer meines neuen Glaubens nicht eindämmen. Ich war wie ein glühendes Stück Kohle, das nie zu brennen aufhörte.

Früh am Morgen war meine Bibel aufgeschlagen. Der Heilige Geist offenbarte mir mehr und mehr das Wort Gottes. Aber damit nicht genug. Jeden Abend konnte ich von zu Hause »fliehen«, ging zu einem Gottesdienst, einer Jugendgruppe oder einem Gebetstreffen. Und Donnerstag abends war ich in der Katakombe.

Ich kann den Tag nie vergessen, als ich »Jesus« bei mir daheim erwähnte. Mein Vater schlug mir ins Gesicht. Ich spürte den Schmerz. Nein, diesmal war es nicht der harte Jerusalemer Stein. Es war eine andere Art Schmerz. Diesmal fühlte ich

Schmerz für meine Familie. Ich liebte sie sehr und litt darunter, daß sie nicht erlöst waren.

Es war mein Fehler. Mein Vater hatte mich gewarnt: »Wenn du den Namen Jesus noch einmal nennst, wirst du es bereuen.« In seiner Stimme schwang Haß, er drohte mir, mich aus dem Haus zu werfen.

Ich begann, meiner kleinen Schwester Mary von Gott zu erzählen. Irgendwie erfuhr mein Vater davon, und er kochte vor Wut. Er verbot mir, je wieder über geistliche Dinge mit ihr zu reden.

Reif für den Psychiater

Sogar meine Brüder verfolgten mich. Sie gaben mir alle möglichen Schimpfnamen. So ging es eine ganze Zeitlang. In meinem Zimmer betete ich: »Herr, wird das jemals aufhören? Werden sie dich jemals kennenlernen?«

Es kam so weit, daß es kein Familienmitglied mehr gab, mit dem ich reden konnte. Ich erfuhr, was es heißt, geächtet zu sein.

Sie flogen meine Großmutter aus Israel ein, nur um mir zu sagen, daß ich verrückt sei. »Du bist eine Schande für unsere Familie«, sagte sie. »Verstehst du nicht, welche Schande du uns bereitest?«

Mein Vater hatte einen Termin bei einem Psychiater wegen mir. Offensichtlich dachte er, ich hätte meinen Verstand verloren. Und was war die Folgerung des Herrn Doktor? »Vielleicht macht Ihr Sohn gerade einen Reifeprozeß durch. Er wird da schon wieder rauskommen.«

Seine nächste Taktik bestand darin, mir einen Job zu besorgen, damit ich beschäftigt war und keine Zeit mehr für diesen »Jesus« haben würde. Er ging zu einem seiner Freunde und sagte: »Bitte, biete meinem Sohn Benny einen Job an.«

Vater fuhr mit mir hin und wartete im Wagen, während ich hineinging. Der Mann war einer der unverschämtesten, härtesten und gemeinsten Männer, die ich je getroffen hatte. Es war klar für mich, daß ich für so jemanden nicht arbeiten wollte.

Ich ging zurück zum Auto und sagte: »Vater, ich könnte diesen Mann nie als Chef haben.«

An diesem Tag tat mein Vater mir sogar leid. Er war mit seinem Latein am Ende. Er sagte: »Benny, was soll ich für dich tun? Sag es mir. Ich tue alles, worum du mich bittest, wenn du nur deinen Jesus verläßt.«

»Dad«, sagte ich, »du kannst mich bitten, worum du willst, aber ich würde eher sterben, bevor ich das aufgeben könnte, was ich gefunden habe.«

Es war eine häßliche Szene. Aus dem freundlichen Vater wurde ein sarkastischer Fremder. Alles, was er aufzubieten hatte, war eine Flut von Haß und von Standpauken.

Während der nächsten ein bis zwei Jahre gab es zwischen meinem Vater und mir nahezu gar keine Kommunikation. Beim Abendessen schaute er mich nie an. Ich wurde vollkommen ignoriert. Es wurde schließlich sogar unerträglich, sich hinzusetzen und die Fernsehnachrichten mit der Familie zu sehen.

Was tat ich also? Ich blieb in meinem Zimmer. Rückblickend kann ich allerdings sehen, daß Gott genau wußte, was er tat. Ich verbrachte hunderte – tausende – Stunden allein mit Gott. Meine Bibel war immer aufgeschlagen. Ich betete. Ich studierte. Ich betete Gott an. Ich nährte mich von himmlischem Manna, das ich in den folgenden Jahren brauchen würde.

»Ich muß dem Herrn gehorchen«

In die Kirche zu gehen war äußerst schwierig. Wie sehr sehnte ich mich danach. Aber mein Vater sagte immer nur: »Auf gar keinen Fall!« Das waren übrigens die einzigen Worte, die wir miteinander wechselten – Streitereien über das Haus des Herrn.

Für Menschen aus östlichen Kulturen ist es undenkbar, den Eltern nicht zu gehorchen. Aber nun war ich fast einundzwanzig. Und ich erinnere mich noch gut an den Abend, als ich allen Mut zusammennahm und meinem Vater sagte: »Ich werde dir in allen Dingen gehorsam sein, aber wenn es um den Kirchgang geht, werde ich es nicht tun. *Ich muß Gott gehorchen!*«

Er war sprachlos. Man hätte meinen können, er sei erschossen worden. Er wurde sehr böse.

Aus Respekt tat ich mein Bestes, um gehorsam zu sein. Ich fragte ihn: »Darf ich zu dem Treffen heute abend?« Er sagte meistens nein. Also ging ich in mein Zimmer und betete: »Bitte, Herr, ändere seine Haltung.«

Dann ging ich wieder nach unten und fragte erneut. »Darf ich gehen?«

»Nein«, war seine grimmige Antwort. Und ich ging wieder nach oben.

Stück für Stück begann er nachzugeben. Er wußte, daß er verlieren würde. Die Katakombe mietete ein anderes Gebäude für ihre sonntäglichen Gottesdienste, und ich war dabei. Dienstags und freitags ging ich zur Bibelstunde, und Samstag abend war ein Jugendtreffen. Diese Treffen wurden mein Leben.

In den zwei Jahren nach meiner Bekehrung entwickelte sich mein geistliches Leben rasend schnell. Ende 1973 luden mich Merv und Merla Watson ein, den Lobpreis mitzuleiten. Aber ich konnte in der Öffentlichkeit nicht sprechen.

Jim Poynter, der geisterfüllte frei-methodistische Pastor, hatte mich dort gesehen. Und eines Tages kam er an den Kiosk, um sich mit mir ein bißchen über den Glauben zu unterhalten. Dabei lud er mich auch zu der Veranstaltung mit Kathryn Kuhlman in Pittsburgh ein.

Meine persönliche Begegnung mit dem Heiligen Geist nach dieser Veranstaltung war unfaßbar und beeindruckend. Es dauerte ein paar Tage, bis ich die Dimension der Offenbarung Gottes begriff, die mir geschenkt worden war.

Ungefähr zur gleichen Zeit wechselte ich meine Arbeitsstelle. Ich nahm eine Stelle als Verwaltungsangestellter für das katholische Schulkomitee in Toronto an. Ich bin sicher, daß sie sich manches Mal über mich wunderten. Nur bei dem Gedanken daran, was Gott in meinem Leben tat, hatte ich ein Lächeln auf dem Gesicht.

Sobald meine Arbeitszeit um war, ging ich nach Hause, rannte nach oben und begann, mit ihm zu reden. »Oh, Heiliger Geist, ich bin so froh, wieder hier mit dir allein zu sein.« Ja, er war immer bei mir, aber mein Schlafzimmer wurde ein sehr heiliger, besonderer Ort. Manchmal, wenn ich nicht arbeitete, blieb ich den ganzen Tag zu Hause und hatte persönliche Gemeinschaft mit ihm.

Was tat ich? Ich hatte *Gemeinschaft*. Gemeinschaft mit dem Geist. Und wenn ich weder arbeitete noch in meinem Zimmer war, versuchte ich, zur Kirche zu gehen. Aber ich verriet keinem, was in mir vorging.

Wenn ich morgens das Haus verließ, ging er mit. Ich spürte richtig, daß jemand neben mir war. Im Bus hatte ich das Bedürfnis, mit ihm zu reden, aber ich wollte nicht, daß die anderen Leute dachten, ich sei verrückt. Sogar bei der Arbeit gab es Momente, in denen ich flüsternd zu ihm sprach. Beim Mittagessen war er mein Begleiter. Aber Tag für Tag sprang ich, sobald ich nach Hause kam, die Treppen hinauf, verschloß die Tür meines Zimmers und sagte: »Nun sind wir allein.« Und meine geistliche Reise ging weiter.

Salbung im Auto

Lassen Sie mich erklären: Es gab oft Momente, wo ich mir seiner Gegenwart nicht bewußt war. Ich wußte, daß er bei mir war, aber ich gewöhnte mich so sehr daran, daß ich die Spannung dieser besonderen Zeiten nicht mehr spürte.

Aber andere Menschen spürten es. Wenn meine Freunde zu Besuch kamen, fingen sie oft aufgrund der Gegenwart des Heiligen Geistes an zu weinen.

Einmal rief Jim Poynter an und sagte: »Ich möchte dich mit zu einer Methodistengemeinde nehmen, in der ich singe. Du kannst mitsingen, wenn du möchtest.« Ich war nicht gerade ein guter Sänger, aber ab und zu half ich ihm aus.

An diesem Nachmittag war ich wieder in der Salbung des Geistes Gottes verloren. Dann hörte ich Jim hupen. Als ich die Treppen hinunter und zu seinem Auto rannte, spürte ich regelrecht, wie Gottes Gegenwart mit mir lief.

Als ich auf den Beifahrersitz plumpste und die Tür zuschlug, begann Jim zu weinen. Er fing an, den Chorus »Halleluja! Halleluja!« zu singen. Dann wandte er sich zu mir und sagte: »Benny, ich kann den Heiligen Geist in diesem Auto spüren.«

»Ja, natürlich ist er in diesem Auto gegenwärtig«, sagte ich. »Wo sonst sollte er sein?« Für mich war das alles normal. Aber Jim konnte kaum fahren. Er weinte weiter vor Gott.

Einmal war meine Mutter dabei, den Korridor zu putzen, während ich in meinem Zimmer mit dem Heiligen Geist sprach. Als ich hinauskam, wurde sie nach hinten geworfen. Etwas hatte sie gegen die Wand gedrückt. Ich sagte: »Was ist los mit dir, Mama?« Sie antwortete: »Ich weiß nicht.« Nun, die Gegenwart Gottes hatte sie fast umgeworfen.

Meine Brüder können Ihnen von Augenblicken berichten, in denen sie mir nahe kamen und nicht wußten, was geschah – aber sie spürten etwas Ungewöhnliches.

Mit der Zeit verlor ich mein Interesse daran, mit den jungen Leuten in der Gemeinde auszugehen und mich zu amüsieren. Ich wollte nur bei Gott sein. Also sagte ich oftmals: »Herr, das hier ist mir lieber als alles, was mir die Welt bieten kann.« Sie konnten ihre Parties und Spiele haben, ihre Unterhaltung, ihren Fußball – ich brauchte es einfach nicht.

»Was ich will, das habe ich schon jetzt«, sagte ich zu Gott. »Was immer es ist, bitte laß es nie weggehen.« Ich begann zu verstehen, daß Paulus sich nach der »Gemeinschaft mit dem Heiligen Geist« sehnte.

Henry, Mary, Sammy und Willie

Nun begannen sogar meine Verwandten Fragen zu stellen. Der Geist Gottes durchdrang auf solche Art und Weise unser Zuhause, daß meine Geschwister einen geistlichen Hunger entwickelten.

Einer nach dem anderen kamen sie zu mir und stellten Fragen. Sie sagten: »Benny, ich habe dich beobachtet. Dieser Jesus ist echt, nicht wahr?«

Meine Schwester Mary übergab Gott ihr Leben. Und innerhalb der nächsten Monate wurde mein Bruder Sammy erlöst. Dann kam Willie.

Ich konnte nur »Halleluja!« rufen. Es geschah – und ich hatte noch nicht einmal angefangen zu predigen.

Zu dieser Zeit war mein Vater fast reif für die Irrenanstalt. Verlor er seine ganze Familie an diesen Jesus? Er wußte nicht, wie er damit umgehen sollte. Aber es stand außer Zweifel, daß meine Eltern die Verwandlung sahen, die in mir und meinen Geschwistern stattgefunden hatte.

Am Anfang meines Lebens mit Jesus erlebte ich einige wunderbare Begegnungen mit ihm. Aber sie waren nichts im Vergleich zu meinem täglichen Wandel mit dem Heiligen Geist. Nun besuchte mich der Herr *tatsächlich* in meinem Zimmer. Seine Herrlichkeit erfüllte den Ort. An manchen Tagen lag ich acht, neun oder zehn Stunden auf meinen Knien und betete ihn an.

Das Jahr 1974 setzte einen nicht endenden Strom der Macht Gottes über meinem Leben frei. Ich sagte einfach: »Guten Morgen, Heiliger Geist!«, und alles fing erneut an. Die Herrlichkeit des Herrn blieb bei mir.

Eines Tages im April dachte ich: »Es muß einen Grund dafür geben.« Ich wußte, daß Gott solche geistlichen Bonbons nicht ewig verteilt.

Als ich dann zu beten begann, offenbarte mir Gott das Folgende. Ich sah, wie jemand vor mir stand. Er stand völlig in Flammen und bewegte sich unkontrollierbar; seine Füße berührten den Boden nicht. Der Mund des Wesens öffnete und schloß sich, – so wie es die Bibel als »Zähneknirschen« beschreibt.

In diesem Moment sprach Gott mit hörbarer Stimme zu mir. Er sagte: »Predige das Evangelium.«

Meine Antwort war natürlich: »Aber Herr, ich kann nicht reden.«

Zwei Nächte darauf gab mir Gott noch einen Traum. Ich sah einen Engel. Er hatte eine Kette in der Hand, die an einer Tür hing, die den ganzen Himmel zu erfüllen schien. Er zog sie auf, und da waren Menschen, so weit man sehen konnte. Seelen. Alle bewegten sich auf ein großes, tiefes Tal zu – und in dem Tal war ein wild loderndes Feuer.

Es war erschreckend. Ich sah Tausende von Menschen in dieses Feuer hineinfallen. Diejenigen in den ersten Reihen versuchten, sich zu wehren, aber die Menschenmassen hinter ihnen drückten sie in die Flammen.

Wieder sprach Gott zu mir. Klar und deutlich sagte er: »Wenn du nicht predigst, wirst du für jeden, der dort hineinfällt, mitverantwortlich sein.« Sofort wußte ich, daß alles, was in meinem Leben geschehen war, nur einem Zweck diente – das Evangelium zu predigen.

Es geschah in Oshawa

Die Gemeinschaft mit dem Geist hielt an. Die Herrlichkeit hielt an. Die Gegenwart Gottes verschwand nicht; sie wurde sogar noch intensiver. Das Wort Gottes wurde realer. Mein Gebetsleben wurde vollmächtiger.

Im November 1974 konnte ich schließlich das Thema nicht länger vermeiden. Ich sagte zu Gott: »Ich werde das Evangelium unter einer Bedingung predigen: daß du in jedem Gottesdienst bei mir sein wirst.« Und dann erinnerte ich ihn: »Herr, du weißt, daß ich nicht reden kann.« Ich machte mir immer noch Sorgen um meinen Sprachfehler und um die Tatsache, daß ich mich lächerlich machen würde.

Aber es war unmöglich, dieses Bild des brennenden Mannes zu vergessen und die Stimme Gottes, der sagte: »Wenn du nicht predigst, wirst du für jeden, der dort hineinfällt, mitverantwortlich sein.«

Ich dachte: »Ich muß anfangen zu predigen.« Aber würde es nicht reichen, Traktate zu verteilen? Dann saß ich eines Nachmittags Anfang Dezember mit Stan und Shirley Philipps bei ihnen zu Hause in Oshawa, ungefähr dreißig Meilen östlich von Toronto, zusammen.

»Darf ich euch etwas erzählen?« fragte ich. Nie zuvor hatte ich mich geführt gesehen, jemandem von meinen Erfahrungen, Träumen und Visionen zu erzählen. Fast drei Stunden lang schüttete ich mein Herz aus über die Dinge, von denen nur Gott und ich wußten.

Bevor ich geendet hatte, unterbrach Stanley mich und sagte: »Benny, du mußt heute abend mit uns zur Kirche gehen und das weitererzählen.« Sie trafen sich in einer Gruppe mit dem Namen »Shilo« – ungefähr hundert Leute – in der Trinity Assembly of God-Kirche in Oshawa.

Ich wünschte, Sie hätten mich gesehen. Mein Haar reichte bis auf die Schultern, und ich war überhaupt nicht passend gekleidet, denn die Einladung war völlig überraschend gekommen.

Aber am 7. Dezember 1974 stellte mich Stan der Gruppe vor, und zum ersten Mal in meinem Leben stand ich hinter einem Rednerpult, um zu predigen.

In dem Moment, in dem ich meinen Mund auftat, fühlte ich, wie etwas meine Zunge berührte und löste. Es war ein taubes

Gefühl. Dann begann ich, völlig fließend Gottes Wort zu verkündigen.

Und das war so erstaunlich. Gott heilte mich nicht, als ich im Publikum saß. Er heilte mich nicht, als ich nach vorne ging. Er heilte mich nicht, als ich hinter dem Rednerpult stand. Gott vollbrachte das Wunder, als ich meinen Mund auftat.

Als meine Zunge gelöst war, sagte ich: »Das ist es!« Das Stottern war weg. Völlig. Und es kam nie wieder.

Nun wußten meine Eltern noch nicht, daß ich geheilt worden war, da wir so wenig miteinander sprachen. Und natürlich hatte es immer Momente gegeben, in denen ich für kurze Zeit ohne bemerkbare Probleme sprechen hatte können, – bis irgend etwas das Stottern wieder auslöste.

Aber ich wußte, daß ich geheilt war. Und mein Dienst begann zu wachsen. Es schien, als würde ich jeden Tag zu einer Gemeinde oder Gruppe eingeladen, um zu predigen. Ich fühlte mich vollkommen im Willen Gottes.

»Das ist mein Tod«

Die nächsten fünf Monate war ich Prediger, ohne daß meine Eltern etwas davon ahnten. Daß ich es solange geheimhielt, war schon allein ein Wunder. Meine Brüder wußten Bescheid, aber sie trauten sich nicht, meinem Vater davon zu erzählen, weil sie wußten, das wäre mein Ende gewesen.

Im April 1975 erschien in der Zeitung »Toronto Star« ein Bild von mir. Ich predigte in einer kleinen Pfingstgemeinde im Westen der Stadt, und der Pastor wollte einige Besucher anlokken.

Es funktionierte. Costandi und Clemence sahen die Anzeige.

An jenem Sonntag saß ich auf der Bühne. Während des Liedteils schaute ich auf und konnte kaum meinen Augen trauen. Da wurden gerade meine Eltern von einem Ordner zu ihrem Sitzplatz in einer der ersten Reihen geführt.

Ich dachte: »Das war's. Das ist mein Tod.«

Mein guter Freund Jim Poynter saß neben mir. Ich wandte mich zu ihm und sagte: »Bete, Jim! Bete!« Er war schockiert, als ich ihm sagte, daß meine Eltern da waren.

Tausend Gedanken rasten mir durch den Kopf, und einer war: »Herr, wenn ich heute abend nicht stottere, weiß ich genau, daß ich wirklich geheilt bin.« Ich kann mich nicht erinnern, jemals so nervös gewesen zu sein, und Nervosität und Angst hatten mich immer stottern lassen.

Als ich zu predigen begann, floß die Macht der Gegenwart Gottes durch mich, aber ich konnte mich nicht durchringen, in die Richtung meiner Eltern zu schauen, – auch nicht für einen flüchtigen Moment. Alles, was ich wußte, war, daß meine Sorge wegen des Stotterns unnötig war. Als Gott mich heilte, war ich für immer geheilt.

Gegen Ende des Gottesdienstes begann ich für die zu beten, die Heilung brauchten. Die Macht Gottes erfüllte den Raum.

Als die Veranstaltung vorbei war, standen meine Eltern auf und gingen hinaus.

Ich sagte zu Jim: »Du mußt beten. Bist du dir bewußt, daß sich in den nächsten paar Stunden mein Schicksal entscheidet? Vielleicht werde ich heute Nacht bei dir schlafen müssen.«

Ich fuhr an diesem Abend ziellos durch Toronto. Ich wollte mindestens bis zwei Uhr morgens warten, bevor ich nach Hause kam. Um diese Zeit mußten meine Eltern im Bett sein.

Ich wollte ihnen nicht gegenübertreten.

Aber davon später mehr.

Von Person zu Person

Sind Sie bereit, dem Heiligen Geist auf persönliche und vertraute Art zu begegnen? Möchten Sie seine Stimme hören? Sind Sie bereit, ihn als Person kennenzulernen?

Genau das geschah mit mir, und es hat auf drastische Weise mein Leben verwandelt. Es war eine sehr persönliche Erfahrung, und sie basierte auf dem Wort Gottes.

Sie mögen fragen: »War es das Ergebnis eines systematischen Bibelstudiums?« Nein, es geschah, als ich den Heiligen Geist einlud, mein persönlicher Freund zu werden, mein ständiger Führer und mich an der Hand zu nehmen und »in alle Wahrheit« zu leiten. Was er Ihnen in der Bibel aufdeckt und offenbart, wird Ihr Bibelstudium lebendig machen.

Was ich Ihnen jetzt berichten will, begann in dem Moment, in dem der Heilige Geist im Dezember 1973 mein Zimmer betrat, und es hat seitdem nie aufgehört. Es gibt heute nur einen Unterschied: Ich kenne ihn heute unendlich viel besser als damals, als ich ihm das erstemal begegnete.

Beginnen wir mit dem Grundlegenden. Der Heilige Geist hat mein Leben verändert. Er ist bei mir seit dem Augenblick, in dem ich Christus bat, in mein Herz zu kommen, und wiedergeboren wurde.

Dann kam die Zeit, als ich die Taufe im Heiligen Geist empfing. Ich wurde mit dem Geist »erfüllt«. Ich sprach in einer durch den Heiligen Geist inspirierten Sprache. Er schenkte mir seine Gegenwart und seine Gaben. So viele Christen haben die gleiche Erfahrung gemacht und sind dabei stehengeblieben. Sie begreifen nicht, daß das, was an Pfingsten geschah, kein einmaliges Ereignis war.

Aber ich möchte, daß Sie folgendes wissen: Nach Erlösung, nach Taufe mit Wasser, nach Erfüllung mit dem Heiligen Geist wartet die »dritte Person der Dreieinigkeit« darauf, Ihnen persönlich zu begegnen. Er sehnt sich nach einer lebenslangen Beziehung. Und das sollen Sie jetzt entdecken.

Hineingezogen in Gemeinschaft

Angenommen, Sie hätten vor zwei Jahren bei mir angerufen und wir hätten uns per Telefon kennengelernt und wären weiter im Gespräch geblieben, ohne uns jedoch jemals zu treffen – was würden Sie dann tatsächlich von mir wissen?

Sie sagen: »Ich würde den Tonfall Ihrer Stimme kennen, so wie sie durchs Telefon klingt.« Und das wäre auch schon so ziemlich alles. Sie würden mich nicht erkennen, wenn wir uns auf der Straße begegneten.

Aber dann kommt der Tag, an dem wir uns persönlich kennenlernen. Plötzlich schütteln Sie meine Hand. Sie sehen, wie ich aussehe, die Farbe meiner Haare und Augen und welche Kleidung ich trage. Vielleicht gehen wir zum Essen aus und Sie finden heraus, ob ich Kaffee oder Tee trinke.

Sie lernen unendlich viel über Menschen, wenn Sie ihnen persönlich begegnen.

Ende des Kampfes

Als der Heilige Geist und ich uns begegneten, geschah folgendes: Ich begann, Dinge über seine Persönlichkeit zu erfahren, die mich als Christen veränderten. Die Erlösung verwandelte mich als Person. Aber der Geist hatte eine enorme Wirkung auf das Leben als Christ.

Je näher ich ihn kennenlernte, desto sensibler reagierte ich auf ihn, lernte, was ihn betrübt – und was ihn erfreut. Was er

mag und was er nicht mag. Was ihn erzürnt und was ihn glücklich macht.
　Ich begann zu verstehen, daß die Bibel selbst vom Heiligen Geist geschrieben wurde. Er gebrauchte Menschen in den verschiedensten Situationen, aber jeder von ihnen war vom Geist geführt.
　Für sehr lange Zeit hatte ich Probleme, die Bibel zu verstehen. Dann kam der Tag, als ich aufschaute und sagte: »Wunderbarer Heiliger Geist, kannst du mir bitte erklären, was du damit meinst?« Und er sprach. Er offenbarte mir das Wort.
　Der Herr gebrauchte eine Veranstaltung von Kathryn Kuhlman, um mich auf das Kommende vorzubereiten. Aber kein einziges Mal setzte sich Kathryn Kuhlman zu mir und erklärte mir etwas über den Heiligen Geist. Alles, was ich lernte, kam von ihm. Und deshalb ist es frisch, neu und mein eigen.
　Als ich nach diesem Treffen in Pittsburgh nach Hause kam, fiel ich auf meine Knie. Ich war offen und ehrlich, als ich sagte: »Lieber Heiliger Geist, ich will dich kennen.« Ich werde nie vergessen, wie nervös ich war. Aber von diesem Tag an habe ich ihn so wie einen Bruder kennengelernt. Er ist wirklich ein Familienmitglied.

Wer er ist

Sie fragen: »Wer ist der Heilige Geist?« Ich möchte, daß Sie wissen, daß er die schönste, wertvollste und lieblichste Person auf Erden ist. Gott der Sohn ist nicht auf der Erde. Gott der Vater ist nicht auf der Erde. Sie sind beide in diesem Moment im Himmel.
　Wer ist auf der Erde? Gott der Heilige Geist. Denn Gott der Vater kam, um sein Werk durch den auferstandenen Sohn zu tun. Als Gott der Sohn die Erde verließ, kam Gott der Heilige Geist, und er ist immer noch hier und handelt.

Denken Sie darüber nach. Als Gott der Sohn wegging, wollte er noch nicht einmal Johannes und Petrus mitnehmen. Er sagte: »Meine Kinder, ich bin nur noch kurze Zeit bei euch. Ihr werdet mich suchen, und was ich den Juden gesagt habe, sage ich jetzt auch euch: Wohin ich gehe, dorthin könnt ihr nicht gelangen« (Joh 13,33).

Aber wenn Gott der Heilige Geist die Erde verläßt – und viele glauben, daß dies bald geschehen wird –, wird er die Erlösten des Herrn mitnehmen. Dieses Geschehen wird Entrückung genannt. Wir werden mit ihm aufgehoben, um dem Herrn zu begegnen.

Wer ist dieser Heilige Geist? Einige Zeit lang stellte ich ihn mir wie einen Dunst vor, etwas, das herumschwebt und das ich nie wirklich kennenlernen könnte. Ich habe erfahren, daß er nicht nur real ist, sondern daß er eine Persönlichkeit ist.

Was gehört zum inneren Wesen?

Was macht aus mir eine Person? Ist es mein körperlicher Leib? Ich glaube nicht. Sicher waren Sie schon einmal bei einer Beerdigung und haben den Leichnam im Sarg liegen gesehen. Haben Sie da eine Person angeschaut? Nein! Sie haben einen toten Körper angesehen.

Wir müssen erkennen, daß es nicht der Körper ist, der eine Person ausmacht. Vielmehr ist es das, was aus dem Körper herauskommt, Emotionen, Wille, Intellekt, Gefühle. Das sind nur einige wenige der Merkmale, die aus Ihnen eine Person machen und die Ihnen Persönlichkeit verleihen.

Menschen, die mich predigen sehen, schauen nicht auf Benny Hinn. Sie sehen nur meinen Körper. Ich selbst befinde mich innerhalb meines Körpers. Und diese Person *im Inneren* ist der wichtige Teil.

Der Heilige Geist ist eine Person. Und genau wie Sie kann er fühlen, Dinge aufnehmen und darauf reagieren. Er ist verletzbar. Er hat die Fähigkeit zu lieben und die Fähigkeit zu hassen. Er spricht, und er hat seinen eigenen Willen.

Aber wer ist er nun genau? *Der Heilige Geist ist der Geist Gottes des Vaters und der Geist Gottes des Sohnes.* Er ist die Macht der Gottheit – die Kraft der Dreieinigkeit.

Welche Aufgabe hat er? Die Aufgabe des Geistes besteht darin, das Gesetz des Vaters und die Taten des Sohnes umzusetzen.

Um die Funktion des Heiligen Geistes zu verstehen, müssen wir das Werk des Vaters und des Sohnes begreifen. *Gott der Vater ist derjenige, der das Gesetz gibt.* Er ist immer derjenige gewesen, der sagt: »Es sei.« Von Anfang an ist es Gott gewesen, der befohlen hat.

Andererseits *ist es Gott der Sohn, der das Gesetz des Vaters erfüllt.* Als Gott der Vater sagte: »Es sei Licht«, kam Gott der Sohn und führte es aus. Und dann *brachte* Gott der Heilige Geist das Licht.

Lassen Sie es mich anders beschreiben. Wenn ich Sie fragte: »Bitte schalten Sie das Licht an«, würden drei Kräfte in Aktion treten. Erstens: Ich wäre derjenige, der den Befehl gibt. Zweitens: Sie wären der- oder diejenige, der zum Schalter geht und ihn betätigt. In anderen Worten: Sie sind der Ausführende des Befehls. Aber wer sorgt schließlich wirklich für das Licht? Weder Sie noch ich. Es ist die Kraft – die Elektrizität –, die das Licht produziert.

Der Heilige Geist ist die Kraft Gottes. Er ist die Kraft des Vaters und des Sohnes. Er ist derjenige, der die Taten des Sohnes in Gang setzt. Und doch ist er eine Person. Er hat Gefühle, die sich auf einzigartige Weise in der Dreieinigkeit ausdrücken.

Ich bin gefragt worden: »Benny, vernachlässigst du bei all dem denn nicht die Bedeutung Christi?« Niemals! Wie könnte ich den vergessen, der mich liebte und für mich starb? Aber einige Menschen sind so auf den Sohn fixiert, daß sie den Vater vergessen – denjenigen, der sie liebte und seinen Sohn sandte. Ich kann weder den Vater noch den Sohn vergessen. Aber *ich* kann ohne den Heiligen Geist nicht in Kontakt mit dem Vater und dem Sohn treten* (siehe Eph 2,18).

Gemeinschaft

Während einer meiner ersten Begegnungen mit dem Heiligen Geist machte ich eine Erfahrung, die mich zum Weinen brachte. Genauso einfach, wie ich mit Ihnen rede, bat ich ihn: »Was soll ich mit dir machen? Kannst du mir bitte erklären, wie du bist?« Ehrlich, ich war wie ein kleines Kind, das zu lernen versucht. Und ich spürte, daß er über meine ehrlichen Fragen nicht erbost sein würde.

Das Gemeinschaftstreffen

Hier ist die Antwort, die der Heilige Geist mir gab: »Die Gnade Jesu Christi, des Herrn, die Liebe Gottes und die Gemeinschaft des Heiligen Geistes sei mit euch allen« (2 Kor 13,13).

Ich dachte: *Das ist es! Der Heilige Geist ist derjenige, der Gemeinschaft mit mir hat.* Dann fragte ich: »Wie kann ich mit dir Gemeinschaft haben, aber nicht mit dem Sohn?« Und er antwortete: »Genau so soll es sein. Ich bin hier, um dir in deinen Gebeten, die du zum Vater sprichst, zu helfen. Und ich bin hier, um dir zu helfen, zum Sohn zu beten.«

Sofort änderte sich mein gesamter Zugang zum Gebet. Es war, als hätte man mir einen goldenen Schlüssel übergeben, der die Tore des Himmels aufschloß. Von diesem Moment an hatte ich einen persönlichen Freund, der mir half, in Jesu Namen zum Vater zu sprechen. Er geleitete mich buchstäblich auf meine Knie und erleichterte es, mit dem Vater zu kommunizieren.

Was für eine wunderbare Gemeinschaft! Danach sehnt sich der Heilige Geist – nach Ihrer *Gemeinschaft!*

Lassen Sie mich erklären. In der Gemeinschaft gibt es keine Bitten oder Fürbitten wie im Gebet. Wenn ich Sie fragte: »Bringen Sie mir bitte etwas zu essen?« ist das eine Bitte. Aber Gemeinschaft ist viel persönlicher. »Wie geht es dir heute? Laß uns zusammen frühstücken!« Das ist Gemeinschaft.

Bedenken Sie: In freundschaftlicher Gemeinschaft gibt es keine selbstsüchtigen Bitten – nur Freundschaft, Liebe und vertrauten Umgang miteinander. So war es bei mir. Ich begann, auf den Heiligen Geist zu warten, bevor ich betete. Ich sagte: »Lieber, wertvoller Heiliger Geist, bitte komm und hilf mir zu beten.«

Die Bibel sagt: »So nimmt sich auch der Geist unserer Schwachheit an. Denn wir wissen nicht, worum wir in rechter Weise beten sollen; der Geist selber tritt jedoch für uns ein mit Seufzen, das wir nicht in Worte fassen können. Und Gott, der die Herzen erforscht, weiß, was die Absicht des Geistes ist. Er tritt so, wie Gott es will, für die Heiligen ein« (Röm 8,26 – 27).

Und wenn wir nicht wissen, was wir sagen sollen, kommt er uns zur Hilfe.

Und hier ist der nächste Grundsatz, den ich gelernt habe: *Der Heilige Geist ist der einzige, der die Bibel lehrt.* »Wir aber haben nicht den Geist der Welt empfangen, sondern den Geist, der aus Gott stammt, damit wir das erkennen, was uns von Gott geschenkt worden ist. Davon reden wir auch, nicht mit Worten, wie menschliche Weisheit sie lehrt, sondern wie der Geist sie lehrt, indem wir den Geisterfüllten das Wirken des Geistes deuten« (1 Kor 2,12 – 13).

In Begleitung des Heiligen Geistes

Von meiner ersten Begegnung mit dem Heiligen Geist an habe ich erfahren, daß er ein großartiger Lehrer ist – derjenige, der

mich »in alle Wahrheit« leitet. Deshalb bat ich ihn: »Erklärst du mir bitte, was diese Schriftstelle zu bedeuten hat?«
Dabei wollte ich immer noch wissen: »Wer bist du? Und warum bist du so anders?« Ich sagte: »Ich möchte wissen, wie du bist.«

Sanft und doch mächtig

Und dann sah ich folgendes. Er offenbarte mir eine mächtige Person und eine kindhafte Person zugleich. Er sagte zu mir: »Wenn du einem Kind weh tust, wird es von dir fernbleiben; wenn du ein Kind liebst, wird es deine Nähe suchen.« Und so begann ich, mich ihm zu nähern. Ich spürte seine Sanftheit, und gleichzeitig seine Macht und Kraft. Aber gleich einem Kind will er denen, die ihn lieben, ganz nahe sein.

Haben Sie schon einmal einen kleinen Jungen oder ein kleines Mädchen gesehen, die am Rockzipfel der Mutter bzw. am Hosenbein des Vaters hängen? Wo immer die Eltern hingehen, hängen sich die Kinder an sie und folgen ihnen. Es ist ein sicheres Zeichen dafür, daß die Kinder geliebt und umsorgt sind. Genauso ist es mit dem Heiligen Geist. Er bleibt denen nahe, die ihn lieben.

Wie war es möglich, daß der große Evangelist Charles Finney das Evangelium predigen konnte und die Menschen »unter der Macht zusammenbrachen« und ihre Sünden bekannten? Was war das für eine Kraft, die hinabfiel, als John Wesley auf den Grabsteinen stand und seinen Mund öffnete, um zu predigen? Es war die Person des Heiligen Geistes, die den Dienst dieser Männer *begleitete*.

In New York City hatte Kathryn Kuhlman gerade ihren Vortrag bei einer Veranstaltung der Geschäftsleute des vollen Evangeliums beendet. Sie wurde durch die Küche zu einem Aufzug geleitet, um den Massen aus dem Weg zu gehen. Die Köche hatten keine Ahnung davon, daß draußen im Saal eine Veranstaltung stattfand und wer diese Kathryn Kuhlman war.

Sie standen da mit ihren weißen Kochmützen und Schürzen und bemerkten nicht einmal, daß sie vorbeiging. Aber im nächsten Moment lagen sie flach auf dem Boden. Warum? Kathryn betete nicht für sie; sie ging einfach vorbei. Was geschah? Scheinbar war die Kraft seiner Gegenwart mit ihr, als sie die Veranstaltung verließ.

Wer ist der Heilige Geist? *Er ist die Kraft des Herrn.* Diese Kraft wurde mir immer mehr offensichtlicher, als ich begann, in meinem Zimmer zu beten – immer alleine. Tag für Tag, Stunde für Stunde erhob ich meine Hände und sagte: »Lieber Heiliger Geist, bitte komm und sprich zu mir.« Wohin sollte ich mich sonst wenden? Meine Familie war gegen mich. Ich hatte nur sehr wenige Freunde. Nur ihn. Nur den Heiligen Geist.

Es gab Zeiten, in denen er wie ein Wind kam. Wie eine frische Brise an einem Sommertag. Die Freude des Herrn erfüllte mich, bis ich es nicht mehr aushielt. Wenn wir miteinander redeten, sagte ich: »Heiliger Geist, ich liebe dich, und ich sehne mich nach Gemeinschaft mit dir.« Und ich fand heraus, daß dieses Verlangen beidseitig war. Er sehnte sich genauso nach Gemeinschaft mit mir.

Das Abendessen kann warten!

Einmal war ich in England bei einer christlichen Familie zu Besuch. Mein Zimmer lag im obersten Stockwerk des Hauses. Eines Abends war ich im Heiligen Geist verloren und verbrachte die schönste Zeit im Gespräch mit ihm. Die Dame des Hauses rief nach oben: »Benny, das Abendessen ist fertig!«

Aber ich sprudelte nur so über und wollte nicht gehen. Sie rief wieder: »Das Abendessen ist fertig.« Ich wollte schon gehen, als ich spürte, wie etwas meine Hand ergriff und sagte: »Noch fünf Minuten. Nur noch fünf Minuten.« Der Heilige Geist sehnte sich nach Gemeinschaft mit mir.

Sie fragen: »Worüber habt ihr gesprochen?« Ich habe ihm Fragen gestellt.

An einem Tag fragte ich zum Beispiel: »Wie unterscheidest du dich vom Vater und vom Sohn?« Und sofort zeigte er mir Stephanus, der gesteinigt wurde, und sagte zu mir: »Stephanus sah den Vater und den Sohn, und ich war in ihm.« Drei eigenständige Wesen.

Der Heilige Geist war derjenige, der Stephanus die Kraft verlieh, das Leiden durchzustehen. Jesus war derjenige, der auf sein Kommen wartete. Und der Vater war derjenige, der auf dem Thron saß. Sie können in der Apostelgeschichte Kapitel 7, Verse 54 – 56, darüber nachlesen.

Und der Heilige Geist zeigte mir noch mehr.

Er war derjenige, der Moses die Kraft gab, als Befreier der Kinder Israel zu handeln.

Er war die Kraft im Leben von Josua.

Er war die Kraft hinter dem Sturm, der das Rote Meer teilte.

Er war die mächtige Kraft, die die Mauern von Jericho zerstörte.

Er war die Energie hinter Davids Stein, durch den Goliath stürzte.

Der Heilige Geist. Er war die Kraft im Leben von Samuel, in Elia – und in Christus, dem Herrn.

Jesus war ganz Mensch, aber die Schrift sagt klar, daß er nie ohne den Heiligen Geist handelte. Er predigte nicht ohne den Heiligen Geist. Er legte nicht die Hände auf die Kranken ohne den Heiligen Geist. »Der Geist des Herrn ruht auf mir«, sagte er, als er seinen Dienst begann, »denn der Herr hat mich gesalbt. Er hat mich gesandt, damit ich den Armen eine gute Nachricht bringe …« (Lk 4,18).

Was geschah, als Jesus zum Vater zurückkehrte? Plötzlich hatten die Jünger eine solche Gemeinschaft mit dem Geist, daß ihr gesamter Wortschatz sich änderte. Sie begannen zu sagen, daß »der Heilige Geist und wir« Zeugen seiner Auferstehung waren. Er wurde Teil in ihrem Leben bei allem, was sie taten.

Sie hatten vollkommene Gemeinschaft – sie wirkten gemeinsam für den Sohn.

Was gab dem Apostel Paulus Kraft, in seinem Leben durchzuhalten? Und was ist es im Leben von Petrus, daß sogar sein Schatten Kranke heilen konnte? Es war die Berührung des Heiligen Geistes.

Erkennen Sie diese Stimme?

Als Jesus auf der Erde war und die Jünger ein Problem hatten – wohin wendeten sie sich? Sie gingen zum Sohn und fragten: »Was sollen wir tun?« Und er lehrte sie. Aber als Christus zum Vater zurückkehrte, waren sie nicht allein gelassen. Jesus sagte zu ihnen: »Der Heilige Geist wird euch führen. Er wird euch trösten. Er wird euch raten und euch an die Dinge erinnern, die ich euch gesagt habe. Er wird euch von mir erzählen.«

Petrus und Johannes sagten nun: »Wunderbarer Heiliger Geist.« Paulus erzählte von seiner »Gemeinschaft« mit ihm.

Nachdem Petrus auf dem Dach seine Vision von Simons Heim in Joppe gehabt hatte, »sagte der Geist zu ihm: Da sind zwei Männer und suchen dich. Steh auf, geh hinunter, und zieh ohne Bedenken mit ihnen; denn ich habe sie geschickt« (Apg 10,19 – 20).

Petrus erkannte die Stimme des Heiligen Geistes. Und damit begann es, daß den Heiden das Evangelium gepredigt wurde.

Wie wurde der äthiopische Eunuch bekehrt? »Und der Geist sagte zu Philippus: Geh und folge diesem Wagen« (Apg 8,29). *Philippus erkannte die Stimme des Heiligen Geistes.* Es war nicht Gott der Vater, der zu ihm sprach – auch nicht Gott der Sohn. Es war Gott der Heilige Geist. Er ist eine Person mit einem Willen, und in jenem Moment tat er das Werk des Vaters. Ich glaube, daß die größte Sünde gegen den Heiligen Geist ist, wenn wir ihn betrüben, indem wir seine Macht und Gegenwart verneinen. Nirgendwo in der Schrift können sie die

Worte finden: »Betrübt nicht Gott den Vater« oder »Betrübt nicht Gott den Sohn«. Aber durch die ganze Bibel hindurch finden Sie: »Betrübt nicht den Geist.«

Gott sagte zu seinen Kindern Israel in der Wildnis: »Ihr habt *meinen Geist* verärgert.« Er sagte nicht: »Ihr habt mich verärgert.« Gott der Sohn sah die Pharisäer an und sagte: »Jedem, der etwas gegen den Menschensohn sagt, wird vergeben werden; wer aber den Heiligen Geist lästert, dem wird nicht vergeben« (Lk 12,10).

Die Person des Heiligen Geistes ist klar zu unterscheiden in der Gottheit. Er ist sanft. Er ist sensibel. Aber weil Jesus ihn Ihnen und mir gegeben hat, wird er uns nicht verlassen.

Der Heilige Geist ist ein Gentleman. Er betritt Ihr Zimmer nicht, bevor Sie ihn einladen. Er setzt sich nicht hin, bevor Sie ihn darum bitten. Und er spricht nicht zu Ihnen, bevor Sie nicht mit Ihm sprechen.

Wie lange wird er warten? Bis Sie mit ihm sprechen. Es könnte Monate dauern – sogar Jahre. Er wird einfach warten und warten und warten. Mein Freund, Sie werden seine Macht und Kraft nie kennenlernen; Sie werden seine Gegenwart nie erfahren, wenn Sie nicht hingehen, sich neben ihn setzen und sagen: »Wunderbarer Heiliger Geist, erzähle mir alles von Jesus.«

Ich konnte kaum den Telefonhörer halten

Nach einem Radio-Interview in Florida fragte mich die Redakteurin, die mich interviewt hatte: »Benny, ich bin schon lange Christin, aber irgend etwas fehlt in meinem Leben.«

»Wonach sehnen Sie sich?« fragte ich.

Sie sagte: »Ich brauche die Realität Gottes in meinem Leben.«

Ich fragte sie, ob sie den Heiligen Geist kannte. »Ich kenne Jesus«, sagte sie.

»Der Heilige Geist ist eine Person«, sagte ich ihr. »Wie würde ich mich fühlen, wenn Sie neben mir säßen und mich einfach ignorierten? Wenn wir uns begegnen, erwarte ich, daß Sie mit mir sprechen. Und genauso ist es mit dem Heiligen Geist.«
»So habe ich noch nie darüber nachgedacht«, sagte sie.
»Wenn Sie heute abend allein sind, sprechen Sie mit ihm«, sagte ich. »So einfach ist das.« Ich wußte, daß sie die Realität finden würde, nach der sie suchte.
»Und was ist mit Jesus?« fragte sie.
Ich sagte ihr: »Setzen Sie sich einfach und warten Sie auf ihn; er ist derjenige, der Jesus verherrlicht. Nein, Sie vergessen Jesus nicht. Denn es war doch Christus, der Ihnen den Heiligen Geist gegeben hat. Tun Sie einfach, was Jesus gesagt hat.«
Am folgenden Tag bekam ich einen Anruf von der begeistertsten Talk-Show-Moderatorin, die man sich vorstellen kann. »Wissen Sie, was gestern abend passiert ist?« fragte sie und sprach dabei so schnell, daß ich sie erst einmal bremsen mußte. »Benny, der Heilige Geist hat zu mir gesprochen.«
Was sie sagte, ließ mich am ganzen Körper erzittern. Ich konnte kaum den Hörer halten. Sie begann zu weinen, während sie mir davon berichtete, was der Heilige Geist zu ihr gesagt hatte: »Ich habe in der ganzen Welt gesucht und keinen gefunden, der wie Jesus ist.« Und sie wiederholte mir die Worte, die sie gehört hatte: »Komm, Herr Jesus. Komm, Herr Jesus.«
Das erinnerte mich sofort an die Worte: »Der Geist und die Braut sprechen: Komm« (Offb 22,17a).
Dies ist eine der wichtigsten Lektionen, die ich gelernt habe. *Eine Person, die die Gegenwart des Heiligen Geistes kennt, wird Jesus immer verherrlichen und erheben.*
Wenn Sie wirklich den Geist kennen, werden Sie Jesus Christus, den Sohn Gottes, verherrlichen, weil der Heilige Geist in Ihnen den Sohn Gottes verherrlicht. Das geschieht zwangsläufig. Nur Jesus ist verherrlicht in einem Leben, das vom Geist erfüllt ist.

Jede Handlung in Ihrem Leben spiegelt wider, womit Sie Ihr Leben füllen. Wenn Sie Ihr Leben mit Zeitungen füllen, werden Sie über die Neuigkeiten in der Welt berichten. Wenn Sie Seifenopern anschauen, werden Sie von Seifenopern reden. Aber wenn Sie mit dem Geist erfüllt sind und Sie sich selbst in seiner Gegenwart verlieren, werden Sie von Jesus sprechen und nur Jesus allein verherrlichen.

Wenn Gott der Vater und Gott der Sohn ihre Liebe zum Heiligen Geist demonstrierten, wie können wir dann etwas Geringeres tun?

Gott liebte ihn so sehr, daß er seine Kinder Israel für ihren Ungehorsam züchtigte: »Sie aber lehnten sich gegen ihn auf und betrübten seinen heiligen Geist. Da wandelte er sich und wurde ihr Feind ...« (Jes 63,10). Gott erlaubte weder Opfer noch die Gebete von Moses, um Vergebung für das Sündigen gegen den Heiligen Geist zu erlangen.

Der hohe Preis des Lügens

Die Erfahrung von Hananias und Saphira machen deutlich, was mit Menschen geschieht, die den Heiligen Geist nicht würdigen. Das Ehepaar verkaufte ein Grundstück und gab nur einen kleinen Teil des Erlöses an Gott, anstatt des ganzen. Petrus sagte: »Hananias, warum hat der Satan dein Herz erfüllt, daß du den Heiligen Geist belügst ...?« (Apg 5,3). Hananias starb sofort. Einige Stunden später eilte seine Frau herein und Petrus fragte: »Sag mir, habt ihr das Grundstück für soviel verkauft?«

Sie antwortete: »Ja, für soviel.« Da sagte Petrus zu ihr: »Warum seid ihr übereingekommen, den Geist des Herrn auf die Probe zu stellen? Siehe, die Füße derer, die deinen Mann begraben haben, stehen vor der Tür; auch dich wird man hinaustragen. Im selben Augenblick brach sie vor seinen Füßen zusammen und starb« (Apg 5,7 – 10).

Sünde gegen den Geist ist gefährlich. Wenn Sie die Werke des Geistes nicht verstehen, dann sprechen Sie lieber nicht darüber; es ist besser zu schweigen. In meinen eigenen Gottesdiensten bete ich, daß alles, was ich tue, in seinem vollkommenen Willen sein soll. Der Heilige Geist ist der, der mich gerufen hat, und er ist derjenige, der die Kontrolle in meinen Veranstaltungen hat. Er ist sozusagen der Boß im Gottesdienst. Sie müssen ihn bitten, in Ihrem Leben das Ruder zu übernehmen.

Warum? Weil er derjenige ist, der gesandt wurde, um bei Ihnen zu sein – und in Ihnen –, und zwar für immer. Sie können ihn kennen und Gemeinschaft mit ihm haben. Und je mehr Umgang Sie mit ihm pflegen, desto größer wird Jesus, und desto schöner und liebenswerter wird Christus. Weil er ausschließlich von Jesus spricht. Christus sagte: »Wenn aber der Beistand kommt, den ich euch vom Vater aus senden werde, der Geist der Wahrheit, der vom Vater ausgeht, dann wird er Zeugnis für mich ablegen« (Joh 15,26).

Wenn ich also etwas über Jesus wissen will, muß ich zum Heiligen Geist gehen. Das hat Jesus gesagt. Und er wußte, worüber er sprach.

Im Alten Testament konnte Mose zum Vater gehen. Im Neuen Testament konnten die Jünger mit dem Sohn sprechen. Aber wenn Sie und ich eine Not haben, wo sollen wir uns hinwenden? An den Heiligen Geist. Er ist eine Person, und er wartet in diesem Moment darauf, daß Sie ihn in Ihr Leben einladen.

Indem Sie seine Gegenwart suchen, werden Sie das Geheimnis der großen Männer und Frauen Gottes erkennen. David sagte: »Verwirf mich nicht von deinem Angesicht, und nimm deinen Heiligen Geist nicht von mir!« (Ps 51,13). Er wußte zu gut, was geschehen war, als der Geist Saulus verlassen hatte.

Paulus wies uns an, im Geist zu wandeln, im Geist zu leben, im Geist zu beten. Petrus und Philippus sprachen zu ihm. Und dasselbe tat Christus.

Es ist Zeit anzufangen

Sie fragen: »Wie fange ich an?« Es ist wirklich sehr einfach. Sie können einfach beginnen, indem Sie sagen: »Heiliger Geist, hilf mir zu beten.« Das ist genau das, was er von Ihnen möchte. Die Bibel sagt, daß er für uns betet mit »unaussprechlichem Seufzen«. Und wenn Sie beginnen, werden Sie spüren, wie die Last von Ihnen genommen wird. Sie werden einen Gebetspartner haben, der Sie direkt zum Thron Gottes führen wird.

Der Heilige Geist ist eine so liebenswerte Person. Er will Ihr bester Freund sein, und er wartet nur darauf, Sie näher zu Jesus zu bringen. Christus sagte: »Es ist gut für euch, daß ich fortgehe. Denn wenn ich nicht fortgehe, wird der Beistand nicht zu euch kommen; gehe ich aber, so werde ich ihn zu euch senden« (Joh 16,7). Dann sagte er, der Heilige Geist »wird euch in die ganze Wahrheit führen« und »mich verherrlichen; denn er wird von dem, was mein ist, nehmen und es euch verkünden« (Joh 16,13 – 14). Und nicht nur das, – er wird Sie auf das Kommen des Herrn vorbereiten, damit Sie bereit sind, wenn die Entrückung kommt.

Der Heilige Geist wartet. Er möchte, daß Sie eine neue Beziehung mit ihm anfangen – eine Beziehung von Person zu Person.

Wessen Stimme hören Sie?

»Benny, hör endlich auf, in diesem Haus über Jesus zu sprechen. Hast du verstanden?« Ich kann den zornigen Tonfall in der Stimme meines Vaters nicht vergessen, als er von meiner Bekehrung erfuhr. Und nach meiner Begegnung mit dem Heiligen Geist wurde es mit seiner Wut noch ärger.

Aber ich begann, neben seiner Stimme noch eine andere zu hören. Es war die Stimme des Geistes, und er gab mir eine Liebe zu meinem Vater, die alles überstieg, was ich als Kind und Teenager für ihn empfunden hatte. Egal, was mein Vater sagte – ich konnte ihn mit einem vollkommenen Frieden ansehen. Und es schien, daß der Heilige Geist mir mehr Liebe schenkte, je zorniger mein Vater wurde.

Es gab drei große Veränderungen, als der Heilige Geist in mein Leben trat.

Erstens: Das Wort des lebendigen Gottes wurde mir absolut lebendig. Ich hörte auf, mal hier einen Abschnitt aus dem Matthäusevangelium und dann einen Psalm zu lesen. Wenn ich die Bibel aufschlug, fühlte ich mich mitten im Geschehen – ich sah sie »live und in Farbe«. Die Stimme des Heiligen Geistes führte mich in ein großes Abenteuer durch die Heilige Schrift.

Zweitens: Mein Gebetsleben veränderte sich völlig. Vorbei waren die Stunden des Betens, Gähnens, Wiederholens. Der Heilige Geist und ich unterhielten uns. Er machte Gott real. Er gab mir Kraft und einen Mut, mit dem ich mich wie ein Zwei-Meter-Mann fühlte.

Und drittens: Er verwandelte mein tägliches Leben als Christ. Ich fing wirklich an zu singen und wußte nicht warum, bis ich die Worte las: »Berauscht euch nicht mit Wein – das macht zügellos –, sondern laßt euch vom Geist erfüllen und

Lieder erklingen, wie der Geist sie eingibt. Singt und jubelt aus vollem Herzen zum Lob des Herrn!« (Eph 5,18 – 19).

Was da mit mir geschah, war nicht natürlich – es war *übernatürlich*. Der Geist hatte die Führung übernommen. Er begann, mich mit einer Liebe zu den Menschen zu taufen – und besonders mit Liebe zu meinem eigenen Vater. Es war genauso, wie das Wort es erklärte: »… die Liebe Gottes ist ausgegossen in unsere Herzen durch den Heiligen Geist, der uns gegeben ist« (Röm 5,5).

Ich wurde so verändert, daß meine natürlichen Instinkte und Reaktionen durch das Führen des Geistes ersetzt wurden. Ich lernte, was es heißt, das »Fleisch zu töten«. Und ich erkannte, daß ich das nicht allein tun konnte. »Wenn ihr nach dem Fleisch lebt, müßt ihr sterben; wenn ihr aber durch den Geist die (sündigen) Taten des Leibes tötet, werdet ihr leben« (Röm 8,13 – 14).

Seine Stimme

Wie können Sie vom Geist geführt werden? *Indem Sie seine Stimme kennenlernen.* Sie erkennen sie. Sie reagieren darauf. Und je mehr Gemeinschaft Sie mit ihm haben, desto tiefer wird Ihre Beziehung zu ihm.

Am Anfang

Seit Anfang der Zeiten hat Gott die Person und die Macht des Heiligen Geistes klar dargestellt. Der Heilige Geist ist sogar die erste Erscheinungsform der Gottheit in der Bibel. »Und der Geist Gottes schwebte über dem Wasser« (Gen 1,2).

Bei der Erschaffung Adams nahm Gott einen Klumpen Lehm und formte ihn. Dieser Lehm war vollkommen tot, bis Gott ihm Leben einhauchte. Die Bibel sagt, daß Gott »in seine

Nase den Lebensatem« blies. »So wurde der Mensch zu einem lebendigen Wesen« (Gen 2,7).

Der Atem Gottes ist der Heilige Geist. Ijob beschrieb es folgendermaßen: »Gottes Geist hat mich erschaffen, der Atem des Allmächtigen hat mir das Leben gegeben« (Ijob 33,4). In dem Augenblick, in dem Gott in Adam hineinhauchte, wurde er lebendig. Als Adam seine Augen öffnete, war sein erster Kontakt der mit dem Heiligen Geist. Denn der Geist war der Atem, der durch Adams Körper strömte und weiter über ihm schwebte. Völlig von der Gegenwart Gottes erfüllt, stand Adam auf.

Die Schrift sagt mir, daß Gott der Heilige Geist die Kraft der Schöpfung ist. »Durch seinen Hauch wird heiter der Himmel« (Ijob 26,13).

Noch begeisternder ist jedoch die Tatsache, daß Gott denselben Geist Ihnen schenken möchte. Er möchte ihn wirklich auf Sie ausgießen:

»Wenn aber der Geist aus der Höhe über uns ausgegossen wird, dann wird die Wüste zum Garten, und der Garten wird zu einem Wald. In der Wüste wohnt das Recht, die Gerechtigkeit weilt über den Gärten«
(Jes 32,15 – 16).

Das ist ein wunderbares Versprechen. Gott will seinen Geist über Sie ausgießen. Er möchte ihn in Sie hineinatmen. Er möchte, daß Sie, wie Adam, lebendig werden!

Die Erkenntnis, daß der Atem Gottes der Geist Gottes ist, war für mich wie die Entdeckung eines verborgenen Schatzes. Haben Sie jemals die Stimme Gottes zu sich reden gehört? Viele Menschen haben das erlebt. Aber wer genau hat da gesprochen? Wessen Stimme haben Sie gehört?

Ich glaube, Sie hören den Heiligen Geist. Er ist derjenige, der das Reden Gottes überträgt. Im Buch Ijob wird die Stimme Gottes, des Vaters beschrieben. Sie war so gewaltig, daß Sie die Vorstellungskraft der Israeliten überstieg.

»Hört, hört das Toben der Stimme Gottes, welch ein Grollen seinem Mund entfährt. Hinter ihm brüllt der Donner drein, er dröhnt mit erhabener Stimme. Nicht hält er (die Blitze) zurück, wenn sein Donner gehört wird. Gott dröhnt mit seiner Stimme, wunderbar, er schafft große Dinge, wir verstehen sie nicht«

(Ijob 37,2.4 – 5).

Eine Stimme vom Himmel

Wie sprach Gott zu Moses? Durch einen Engel. Im Neuen Testament sind nur drei Stellen aufgezeichnet, an denen Gott sprach. Zuerst redete er über Jesus: »Und eine Stimme aus dem Himmel sprach: Das ist mein geliebter Sohn, an dem ich Gefallen gefunden habe« (Mt 3,17).

Später bat Jesus selbst den Vater, »… deinen Namen zu verherrlichen«. Und dann geschah das folgende: »Da kam eine Stimme vom Himmel: Ich habe ihn schon verherrlicht und werde ihn wieder verherrlichen« (Joh 12,28). Die Menge, die es hörte, sagte, es habe »gedonnert« (Vers 29).

Gott sprach ein drittes Mal direkt, als die Jünger auf dem Berg der Verklärung von Wolken umgeben waren. Gott sagte: »Das ist mein geliebter Sohn, an dem ich Gefallen gefunden habe; auf ihn sollt ihr hören« (Mt. 17,5 b). Wieder hatte die Stimme Gottes ehrfurchtgebietende Wirkung. »Als die Jünger das hörten, bekamen sie große Angst und warfen sich mit dem Gesicht zu Boden. Da trat Jesus zu ihnen, faßte sie an und sagte: Steht auf, habt keine Angst! Und als sie aufblickten, sahen sie nur noch Jesus« (Verse 6 – 8).

Sie sagen: »Benny, ich dachte, Gott spräche durch sein gesamtes Wort.« Stimmt genau. Aber der, der spricht, ist immer der Heilige Geist.

Lassen Sie mich Ihnen ein Beispiel geben. Die Stimme, die die Propheten hörten, war die des Heiligen Geistes – nicht die Stimme des Sohnes oder die des Vaters.
Jesaja spricht davon, daß er Gottes Stimme sagen hört:

»Geh und sage diesem Volk:
Hören sollt ihr, hören, aber nicht verstehen.
Sehen sollt ihr, sehen, aber nicht erkennen.
Verhärte das Herz dieses Volkes,
verstopfe ihm die Ohren,
verklebe ihm die Augen,
damit es mit seinen Augen nicht sieht
und mit seinen Ohren nicht hört,
damit sein Herz nicht zur Einsicht kommt
und sich nicht bekehrt und nicht geheilt wird«
(Jes 6,9 – 10).

Aber wer sprach hier tatsächlich? War es wirklich die Stimme Gottes? Oder war es die Stimme von Jahwe auf der Erde – vom Heiligen Geist? Um das herauszufinden, lassen Sie uns die Stelle noch einmal anschauen, wie sie in der Apostelgeschichte wiederholt wird.

In Rom predigte Paulus unter den wachsamen Augen eines Soldaten folgendermaßen:

»Treffend hat der Heilige Geist durch den Propheten Jesaja zu euren Vätern gesagt:
Geh zu diesem Volk und sag:
Hören sollt ihr, hören, aber nicht verstehen;
sehen sollt ihr, sehen, aber nicht erkennen.
Denn das Herz dieses Volkes ist hart geworden,
und mit Ohren hören sie nur schwer,
und ihre Augen halten sie geschlossen,
damit sie mit ihren Augen nicht sehen

und mit ihren Ohren nicht hören, damit sie mit ihrem Herzen nicht zur Einsicht kommen,
damit sie sich nicht bekehren und ich sie nicht heile«
(Apg 28,25 – 27).

Wer sprach diese Worte wirklich? Was Jesaja Gott zuschrieb, erklärte Paulus als Worte, die vom Heiligen Geist gesprochen wurden.

Bedenken Sie, daß das Neue Testament das Alte Testament erklärt. Noch ein weiteres Beispiel. In Jeremia lesen wir: »Denn das wird der Bund sein, den ich nach diesen Tagen mit dem Haus Israel schließe – Spruch des Herrn: Ich lege mein Gesetz in sie hinein und schreibe es auf ihr Herz. Ich werde ihr Gott sein, und sie werden mein Volk sein« (Jer 31,33).

Der Prophet schreibt: »Spruch des Herrn«, aber um wirklich zu verstehen, aus welcher Quelle diese Schriftstelle stammt, müssen Sie im Buch der Hebräer lesen: »Das bezeugt uns auch der Heilige Geist; denn zuerst sagt er: Das wird der Bund sein, den ich nach diesen Tagen mit ihnen schließe – spricht der Herr: Ich lege meine Gesetze in ihr Herz und schreibe sie in ihr Inneres« (Hebr 10,15 – 16).

Wer sagte das? *Der Heilige Geist.* Er bezeugte es nicht nur – sondern die Schrift offenbart: »zuerst sagt er« (Vers 15).

Wer ist »Jahwe«?

Mein geistliches Leben erfuhr eine tiefe Veränderung, als ich erkannte, daß der Heilige Geist Gott ist. Millionen von Menschen – und ich gehörte zu ihnen – wachsen irgendwie mit der Vorstellung auf, daß er weniger wert sei. Irgendwie haben wir eingetrichtert bekommen, daß, weil er als Dritter genannt wird, er nicht wirklich Gott sei.

Sie müssen zu folgender Wahrheit durchdringen: *Der Heilige Geist ist Gott.* Er ist nicht weniger Gott als Jesus. Er ist nicht weniger Gott als der Vater. Er ist genausoviel Gott wie der Vater und der Sohn. Jahwe ist der Name des dreieinigen Wesens – nicht der Name von nur einem dieser drei. Als Jesus die Zwölf aussandte, sagte er: »Wenn man euch vor Gericht stellt, macht euch keine Sorgen, wie und was ihr reden sollt, denn es wird euch in jener Stunde eingegeben, was ihr sagen sollt. Nicht ihr werdet dann reden, sondern der Geist eures Vaters wird durch euch reden« (Mt 10,19 – 20).

Wieder und wieder werden wir in der Offenbarung angewiesen: »Wer Ohren hat, der höre, was der Geist den Gemeinden sagt ...« (Offb 2,7.11.17). Wessen Stimme sollten wir hören? Die Stimme des Geistes.

Sogar Christus selbst spricht nicht ohne den Heiligen Geist. Davon lesen wir in der Apostelgeschichte, wo berichtet wird, wie er in den Himmel aufgenommen wurde: »Vorher hat er durch den Heiligen Geist den Aposteln, die er sich erwählt hatte, Anweisungen gegeben« (Apg 1,2). Und im Hebräerbrief sehen wir, daß Christus sich selbst »kraft des ewigen Geistes« Gott dargebracht hat (Hebr 9,14).

Wird es Ihnen klarer? *Der Heilige Geist ist derjenige, der uns den Himmel in unsere Herzen vermittelt.* Er ist die Stimme Gottes an Sie. Sie sagen: »Tja, ich weiß aber, daß es Gott war, der zu mir gesprochen hat.« Natürlich war es Gott. Es war Gott der Heilige Geist. Anders ausgedrückt: Es ist der Vater, durch den Sohn, durch den Geist, der spricht.

Mit dem, was Sie bis jetzt gelernt haben, können Sie sich vorstellen, was geschehen würde, wenn Gott der Vater hörbar zu Ihnen sprechen würde. Sie könnten es nicht ertragen. Ich bezweifle auch, daß Sie vorbereitet wären, die Stimme Jesu zu hören, die in der Offenbarung als »Rauschen von Wassermassen« (Offb 1,15) beschrieben wird. Als Johannes sie vernahm, fiel er zu seinen Füßen nieder »wie tot« (Vers 17).

Der Heilige Geist jedoch nimmt die Stimme des Vaters und des Sohnes und macht sie ruhig, lieblich und vollkommen klar.

In dem Augenblick, in dem ich verstand, daß der Heilige Geist Gott war – und ihn als Gott anbetete und behandelte –, begann sich mein Leben zu verändern. Ich sah den Heiligen Geist nicht länger als weniger wertvolles, schwächeres, nebelumwobenes Wesen an, das irgendwo in der Ecke stand. Seit diesem Zeitpunkt waren es nicht mehr nur Gott der Vater und Gott der Sohn, denen mein Lobpreis und meine Anbetung galt.

Lassen Sie mich das wiederholen. *Der Heilige Geist ist Gott* – ebenbürtig in Majestät, Macht, Herrlichkeit und Ewigkeit. Er ist Gott.

Was sagte Jesus über den Geist? Er sagte, er würde »euch in die ganze Wahrheit führen. Denn er wird nicht aus sich selbst heraus reden, sondern er wird sagen, was er hört« (Joh 16,13). Was hört er? Der gute Heilige Geist hört den Vater und spricht direkt zu Ihnen. Aber wenn er spricht, sagt er nicht: »Der Vater sagt.« Er sagt: »Ich sage.« Warum? Weil Vater, Sohn und Heiliger Geist immer in Harmonie handeln.

Wie die Sonne am Himmel

Es ist so leicht, die Gottheit zu beschränken oder sie auf unbiblische Weise aufzuteilen. Junge Christen fragen oft: »Wie kann Gott eins und drei zugleich sein?« Gott ist einer. Aber Gott ist drei: Vater, Sohn und Heiliger Geist. In diesem Buch geht es vorrangig um den Heiligen Geist, und ich unterscheide sie absichtlich, um Ihnen ein Bild von dem dreieinigen Wesen Gottes zu vermitteln.

Gott ist wie die Sonne am Himmel. Wenn Sie sich die Helligkeit der Sonne anschauen, sehen Sie eine Sonne. In Wirklichkeit aber ist es eine dreieinige Sonne, die unseren Planeten am Leben erhält. Sie beinhaltet drei verschiedene Elemente: die Sonne, Licht und Wärme.

Und genauso ist es mit der göttlichen Dreieinigkeit. Der Vater ist wie die ganze Sonne, Jesus ist das Licht, und der Heilige

Geist ist die Wärme, die Sie spüren. Wenn Sie in der Gegenwart des Vaters stehen, was fühlen Sie? Die Wärme, die Energie und Kraft des Heiligen Geistes. Wenn Sie in das Antlitz des Vaters schauen, wen sehen Sie? »Wer mich gesehen hat, hat den Vater gesehen«, sagte Jesus zu Philippus (Joh 14,9).

Mich begeistert es, darüber nachzudenken, wie es sein wird, wenn ich in den Himmel komme. Es gibt keine einzige Stelle in Gottes Wort, an der der Vater detailliert beschrieben ist. Stephanus, »erfüllt vom Heiligen Geist, blickte zum Himmel empor, sah die Herrlichkeit Gottes und Jesus zur Rechten Gottes stehen« (Apg 7,55).

Stephanus sah Jesus klar, aber beim Vater konnte er nur die »Herrlichkeit« sehen, die ihn umgab. Ja, Gott der Vater hat eine Gestalt, die kein Mensch kennt (Phil 2,6). Das Wort sagt: »Niemand hat Gott je gesehen« (Joh 1,18), aber der Sohn ist gekommen, um ihn zu offenbaren.

Wenn Sie sich die Worte Jesu genau anschauen, werden Sie verstehen, wie der Geist die Gottheit umfaßt. Jesus sagte: »Niemand kommt zum Vater außer durch mich« (Joh 14,6). Und die Schrift lehrt, daß wir durch den Geist zu Jesus hingezogen werden. In anderen Worten: *Sie müssen den Geist empfangen, wenn Sie die Gottheit empfangen wollen.* Wenn Sie den Heiligen Geist aufnehmen, nehmen Sie auch den Vater und den Sohn auf.

Ich werde nie den Tag vergessen, an dem der Heilige Geist mir offenbarte, daß seine Herrschaft der Herrschaft Jesu gleich ist. Er zeigte mir im Wort Gottes, daß er *Herr* genannt wird.

In seinem Brief an die Korinther schreibt Paulus: »Der Herr aber ist der Geist, und wo der Geist des Herrn wirkt, da ist Freiheit« (2 Kor 3,17). Das stimmt. Wir alle bekennen, daß Jesus Herr ist – aber genauso ist der Heilige Geist Herr. *Er ist der Geist Jesu!*

Der Heilige Geist ist allgegenwärtig, aber leider ist die Freiheit nicht allgegenwärtig. Einige Kirchen scheinen eher düstere

Gefängnisse als Häuser des Lobpreises zu sein. Warum? Weil der Geist in diesen Gemeinden nicht Herr ist.

Vergessen Sie nie: *Der Herr ist der Geist!* Im folgenden Vers schreibt Paulus: »Wir alle spiegeln mit enthülltem Angesicht die Herrlichkeit des Herrn wider und werden so in sein eigenes Bild verwandelt, von Herrlichkeit zu Herrlichkeit, durch den Geist des Herrn« (Vers 18).

Wie können Sie sicher sein?

Als nächstes müssen Sie verstehen, daß die Dreieinigkeit die Herrlichkeit Gottes ist. Gott der Vater ist die Herrlichkeit Gottes; Gott der Sohn ist die Herrlichkeit Gottes; und Gott der Heilige Geist ist die Herrlichkeit Gottes. Aber wer bringt diese Herrlichkeit zum Ausdruck? Es ist der Heilige Geist. Das gehört zu seiner Aufgabe.

Lassen Sie mich noch eine Frage stellen. Wissen Sie, daß Sie von Ihrer Sünde gerettet worden sind? Nun, wie können Sie es wissen? Haben Sie eine Stimme vom Himmel vernommen? Ist Ihnen Jesus persönlich begegnet und hat gesagt: »Du bist gerettet!«?

Wie und woher wissen Sie, daß Sie vom geistlichen Tod zum Leben hindurchgedrungen sind? Sie wissen es, weil der Geist es Ihnen gesagt hat, und Sie sind sich so sicher, daß Sie Ihre Hand dafür ins Feuer legen würden. Warum? Weil der Heilige Geist, wenn er spricht, genau in Ihr Inneres hineinspricht – in Ihr Mark und Bein.

Auf dieselbe Weise wissen wir, daß Jesus lebt. Nicht, weil wir sein Gesicht gesehen haben, sondern weil wir wissen, daß er durch seinen Geist lebendig ist. Und dieser Geist ist die dritte Person der Dreieinigkeit.

Kürzlich fragte mich jemand: »Benny, woher wissen Sie, daß Sie gerettet sind?« Alles, was ich sagen konnte, war: »Ich weiß, daß ich weiß, daß ich weiß, daß ich weiß.« Dies ist die Stärke, die Sicherheit, die der Heilige Geist mir gegeben hat.

Der Geist ist nicht nur die Stimme, die Sie hören; er ist auch die große Kraft, die Sie spüren. Der Prophet Micha sagte: »Ich aber, ich bin voller Kraft, ich bin erfüllt vom Geist des Herrn, voll Eifer für das Recht und voll Mut« (Mi 3,8). *Der Heilige Geist ist die Kraft der Gottheit.* Sogar der Engel sagte zu Maria, als er ihr die Geburt Jesu voraussagte: »Der Heilige Geist wird über dich kommen« (Lk 1,35). Er ist diese überragende Kraft.

Der Heilige Geist ist außerdem Ihr großer Verteidiger. Ein Beispiel: Wer, meinen Sie, beschützt Sie vor den Angriffen Satans? Es ist der Heilige Geist. »Nach den Taten wird er vergelten, mit Grimm seinen Widersachern, mit Vergeltung seinen Feinden; ja, den Inseln will er heimzahlen, daß der Name des Herrn gefürchtet werde bei denen vom Niedergang der Sonne und seine Herrlichkeit bei denen von ihrem Aufgang, wenn er kommen wird wie ein reißender Strom, den der Odem des Herrn treibt« (Jes 59,18 – 19).

»Folge mir!«

Wer beschützt Sie? Der Heilige Geist. Damit hat Christus ihn beauftragt. Sooft nennen wir ihn Jesus, aber es ist tatsächlich der Geist Jesu. Noch einmal: Wir trennen hier nur um der Diskussion willen, damit wir ein besseres Verständnis dafür bekommen, weil sie wirklich eins in ihrem Wesen sind. Denn *Jesus ist da, wo der Heilige Geist ist – und wo der Vater ist.* Wenn der Heilige Geist zu Ihnen spricht, sprechen alle drei, aber es ist der Heilige Geist, den Sie hören. Der Heilige Geist ist derjenige, den Sie spüren. Der Heilige Geist ist derjenige, der Sie im Willen des Vaters führt.

Als ich das erste Mal die Worte Jesu las: »Folge mir nach«, habe ich mich gefragt, wie das möglich sein könnte. Sollten seine Nachfolger mit ihm in den Himmel auffahren? Natürlich nicht. Als Christus zum Vater zurückkehrte, sandte er seinen Heiligen Geist und sagte: »Er wird euch führen« (Joh 16,13).

Jesus sagte: »Hört auf, mir nachzufolgen. Ich gehe weg, aber nun sende ich den Heiligen Geist. Ihm müßt ihr folgen.« Warum sagen wir dann also »Ich folge Jesus«, wenn der einzige Führer, den wir haben, der Heilige Geist ist?

Seiner Stimme folgen

Seit meiner ersten Begegnung mit dem Geist wußte ich, daß ich seiner Stimme gehorchen und folgen muß. Es gab nur zwei Alternativen. Entweder konnte ich der Stimme einer fleischlichen, vergänglichen Welt folgen, oder ich konnte ihm folgen: »Denn alle, die vom Fleisch bestimmt sind, trachten nach dem, was dem Fleisch entspricht, alle, die vom Geist bestimmt sind, nach dem, was dem Geist entspricht« (Röm 8,5).

Das ist so grundlegend wie das Leben selbst. Wenn Sie das Fleisch begehren, werden Sie dem Fleisch folgen. Aber wenn Ihr Herz sich nach dem Geist sehnt, werden Sie von ihm angezogen wie von einem Magneten. Es beginnt mit einem Wunsch.

Ich selbst hatte eine große Frage: »Wie kann ich dich wirklich kennenlernen?« Diese Frage war der Schrei meines Herzens. Ich hatte einen großen Hunger danach, den Heiligen Geist persönlich kennenzulernen. Und ich wurde nicht enttäuscht.

Paulus fordert Sie auf: »Laßt euch vom Geist leiten, dann werdet ihr das Begehren des Fleisches nicht erfüllen. Denn das Begehren des Fleisches richtet sich gegen den Geist, das Begehren des Geistes aber gegen das Fleisch; beide stehen sich als Feinde gegenüber, so daß ihr nicht imstande seid, das zu tun, was ihr wollt. Wenn ihr euch aber vom Geist führen laßt, dann steht ihr nicht unter dem Gesetz« (Gal 5,16 – 18).

Der Apostel Paulus und seine Begleiter erlebten auf ihren Missionsreisen etwas sehr Erstaunliches. Sie gingen nach Phrygien und Galatien, »weil ihnen vom Heiligen Geist verwehrt wurde, das Wort in der Provinz Asien zu verkünden ... Sie zogen Mysien entlang und versuchten, Bithynien zu erreichen; doch auch das erlaubte ihnen der Geist Jesu nicht« (Apg 16,6 – 7).

Das stimmt. Sie waren so sensibel gegenüber der Stimme des Geistes, daß sie wahrscheinlich sagten: »Nun, wenn er nicht geht, gehen wir auch nicht.«

Aber die vielleicht größte Offenbarung finden wir in dem Bericht darüber, daß sie »durch den Heiligen Geist gehalten« wurden. Als Christus zum Vater zurückging, begann der Heilige Geist, Christi Werk auf Erden zu tun.

Erkennen Sie seine Stimme schon? Paulus tat es. Während derselben Reise zeigte der Geist dem Apostel in einer Vision einen Mann aus einem fernen Land, der ihn bat: »Komm herüber nach Mazedonien, und hilf uns!« (Vers 9). Und sofort machte sich Paulus auf den Weg.

Ihr Gewissen bestätigt es

Wie spricht der Heilige Geist? Er bezeugt es direkt Ihrem Gewissen. In Paulus' Brief an die Gemeinde in Rom sagt er: »Ich sage in Christus die Wahrheit und lüge nicht, und mein Gewissen bezeugt es mir im Heiligen Geist« (Röm 9,1).

Sie sollten niemals Zweifel an der Führung des Heiligen Geistes haben. In Zeiten, wo Ihr Inneres in Aufruhr ist, rühren Sie sich nicht. Wenn Sie versuchen, Ihr eigener Führer zu sein, werden Sie sprichwörtlich zusammenbrechen. Hören Sie auf seine Stimme, mit der er direkt zu Ihrer Seele spricht.

Während eines Kirchenbauprojektes wurde ich gefragt: »Woher wissen Sie, daß Sie das hier alles richtig machen?« Die Antwort war dieselbe, die ich auf die Frage nach meiner Rettung gegeben hatte. »Ich weiß, daß ich weiß, daß ich weiß, daß ich weiß.« Der Herr sagte mir durch seinen Heiligen Geist, daß ich mit dem Bau beginnen sollte. Jede Entscheidung in meinem Leben basiert auf dieser selben inneren Stimme.

Die Menschen in der Welt haben nicht die blasseste Ahnung von den Dingen des Geistes. Das liegt daran, daß sie geistlich blind sind. Aber Sie können es wissen. Warum? Weil Sie verstehen, wie der Heilige Geist handelt, und weil Sie lernen, seine Stimme zu erkennen.

Auf dieselbe Weise wissen wir, daß der Himmel real ist, obwohl wir noch nie dort waren. Er ist uns durch den Geist lebendig gemacht worden. In der Bibel vom Himmel zu lesen, ist eine wunderbare Sache, aber das Lesen allein vermittelt uns nicht die Realität. Millionen von Menschen haben die Bibel gelesen und sind immer noch auf dem Weg in die ewige Verdammnis. Warum? Weil das Wort nicht in ihre Herzen eingedrungen ist.

Hier ist die Antwort. Er hat Ihnen ein Verständnis von einem neuen Bund gegeben, »nicht des Buchstabens, sondern des Geistes. Denn der Buchstabe tötet, der Geist aber macht lebendig« (2 Kor 3,6).

Ich bin erstaunt darüber, wie jemand die Schrift lesen und sagen kann: »Nein. Ich glaube nicht, daß er es so meint.« Oder: »Er hat das Wunder nicht wirklich getan.« Oder: »Er wurde nicht von der Jungfrau Maria geboren.« Das Problem ist ganz einfach: Dieser Leser geht von seinem fleischlichen, menschlichen Denken aus.

Aber Sie selbst können diese Themen mit einer absoluten Gewißheit diskutieren. Es geht nicht darum, was Sie gelesen haben; es geht um das, was Ihnen der Heilige Geist gesagt hat.

Wenn Sie wirklich verstehen wollen, wie der Heilige Geist spricht, dann lesen Sie immer wieder die folgenden tiefgehenden Worte: »So bezeugt der Geist selber unserem Geist, daß wir Kinder Gottes sind« (Röm 8,16). Wie wissen wir, daß das wahr ist? Der Heilige Geist bezeugt es *unserem* Geist. Noch einmal: *Sie wissen, daß Sie wissen.*

Der Heilige Geist ist Gott, der Zeuge. Was sagte Petrus, als die Apostel vor den Hohen Rat gerufen wurden? »Zeugen dieser Ereignisse sind wir und der Heilige Geist, den Gott allen verliehen hat, die ihm gehorchen« (Apg 5,32). Es ist diese fortdauernde Bestätigung, die Sie im Zentrum des Willens Gottes hält.

Wenn ich einen bestimmten Vers benennen sollte, den der Heilige Geist mir offenbarte und durch den mein Leben umgekrempelt wurde, dann war es der folgende: »Die Gnade Jesu Christi, des Herrn, die Liebe Gottes und die Gemeinschaft des Heiligen Geistes sei mit euch allen« (2 Kor 13,13).

Der Geist brachte mich immer und immer wieder zu diesem Vers. Und je eingehender ich ihn studierte, desto mehr begeisterte er mich. Plötzlich wußte ich, daß der Heilige Geist für mich da ist – jetzt und hier.

Und der Heilige Geist zeigte mir folgendes: Wann erlebten wir »die Gnade des Herrn Jesus Christus«? Als er für uns starb. Wann erlebten wir »die Liebe Gottes«? Als wir das Kreuz sahen. Beides bezieht sich auf die Vergangenheit. Aber dann lesen wir: »... die Gemeinschaft des Heiligen Geistes *sei* mit euch allen.« Ich sagte: »Das ist es. Der Heilige Geist ist hier, um mit mir Gemeinschaft zu haben und bei mir zu sein, *in diesem Moment!*«

Was für eine Gemeinschaft!

Was bedeutet es, wenn die Schrift von »Gemeinschaft«, *koinonia* spricht? Das Wort hat sieben Bedeutungen:

Erstens: Das Wort »Koinonia« bedeutet *Gegenwart*. Gott der Vater möchte, daß die Gegenwart des liebevollen Heiligen Geistes mit Ihnen ist.

Zweitens: Es bedeutet *Zusammensein*. Sie müssen zum Heiligen Geist nicht beten; Sie sind einfach mit ihm zusammen. Und Sie sollten dieses Zusammensein suchen wie Wasser in der Wüste.

Die dritte Bedeutung ist *sich mitteilen*. Sie schütten ihm Ihr Herz aus, und er schüttet Ihnen sein Herz aus. Sie erzählen von Ihrer Freude, und er erzählt von seiner. »Denn der Heilige Geist und wir haben beschlossen, ...« schrieben die Apostel den Gläubigen in Antiochien (Apg 15,28). Sie sprachen – und schrieben sogar Briefe zusammen.

Viertens: »Koinonia« bedeutet *teilhaben an*. Der Heilige Geist wird zu Ihrem Partner. Die Schrift enthält viele Ausdrücke wie »wirkte mit ihnen« und »der Geist und wir« und macht damit klar, daß das Werk des Heiligen Geistes unter Ihrer Mitwirkung getan wird.

Fünftens: Es bedeutet *Vertrautheit*. Sie werden nie eine tiefe Liebe von Christus erfahren, bevor Sie den Heiligen Geist kennen, denn er bringt diese Vertrautheit mit sich. Es gibt keinen anderen Weg. Gott hat seine Liebe in unsere Herzen »ausgegossen durch den Heiligen Geist, den er uns gegeben hat« (Röm 5,5). Sie können Gott ohne den Heiligen Geist nicht lieben.

Sechstens: Das Wort bedeutet *Freundschaft*. Der Geist sehnt sich danach, Ihr engster Freund zu sein, jemand, dem Sie die tiefsten Geheimnisse Ihres Herzens mitteilen können.

Und siebtens bedeutet »Koinonia« *Kameradschaft*. Im Griechischen bedeutet das Wort »Befehlshaber«. Er ist wie ein Kapitän, ein Boß – aber ein sehr liebevoller und freundlicher. Genauso wie er die Apostel anwies, wo sie hingehen sollten und wohin nicht, muß ihm gestattet sein, unsere persönlichen Angelegenheiten zu bestimmen. Bedenken Sie: Seit Christus wegging, ist der Heilige Geist auf der Erde »zuständig«.

Hören Sie auf seine Stimme? Sind Sie bereit, Gemeinschaft mit ihm zu pflegen?

Als ich meine Gemeinschaft mit dem Heiligen Geist begann, sprach ich Tag und Nacht mit ihm. Nicht ein einziger Tag verging, an dem ich nicht sagte: »Heiliger Geist. Wertvoller Heiliger Geist.« Und wir hatten eine Zeit des Gebetes und des Gespräches.

Ja, der Klang seiner Stimme ist wunderbar.

Geist, Seele und Leib ...

Satan, der große Betrüger, hat eine unglaubliche Aufgabe. Er hat die Welt davon überzeugt – sogar hingegebene Diener des Evangeliums –, daß der Heilige Geist nicht mehr ist als irgendeine Art Einfluß oder eine besondere Kraft. Diese Verwirrung ist eine der vorrangigen Aufgaben Satans, denn er weiß, daß sich Ihr Leben in dem Moment, in dem Sie die Personalität und Realität des Geistes entdecken, auf dramatische Weise verwandeln wird.

Schauen Sie sich nur die Geschichte an. Jede große Erweckung war von einer Offenbarung des Heiligen Geistes begleitet. Sogar Martin Luther schrieb die große Reformation dem Wirken des Heiligen Geistes zu. Er sagte, daß der Galaterbrief sein liebstes Buch in der Bibel war, und zwar besonders der Vers: »Laßt euch vom Geist leiten, dann werdet ihr das Begehren des Fleisches nicht erfüllen« (Gal 5,16).

Aber heutzutage wissen nur wenige Menschen, was es bedeutet, im Geist »zu wandeln« oder sich vom Geist »leiten zu lassen«. Der Wortstamm bedeutet »Einstimmigkeit mit«, »eins mit«, »verbunden mit« – auch »Gemeinschaft mit«. Es ist sehr verwunderlich, aber sogar Menschen, die in einer »geisterfüllten« Kirche aufgewachsen sind, haben mich schon gefragt: »Soll ich mit dem Heiligen Geist reden?«

Kürzlich war ich eingeladen, in einer großen, alten Pfingstkirche zu sprechen, und die Gemeinde war schockiert, als ich sagte: »Ihr seid diejenigen, die den Heiligen Geist wiederentdeckt haben, aber ihr habt ihn in einen Käfig gesperrt.« Ich erklärte: »Ihr dachtet, daß die Katholiken ihn nicht haben könnten. Ihr dachtet, daß die Baptisten ihn nicht haben könnten. Aber ich habe Neuigkeiten für euch. Er ist über euren Zaun gesprungen und ist nach St. Michael, zu den Baptisten, den Vereinigten Methodisten und allen anderen spaziert.«

Millionen von Menschen sind vom Geist angerührt worden, aber ihr geistliches Wachstum wurde von vielen verantwortlichen Amtsträgern in der Kirche gebremst, ja blockiert, die, aus welchen Gründen auch immer, bis heute beschließen, die dritte Person der Dreieinigkeit irgendwo unterzuordnen und dem Heiligen Geist nicht den Stellenwert geben, der ihm zusteht.

Unglücklicherweise hat die Kirche Jesu Christi das, was ich Ihnen in diesem Buch mitteile, ignoriert. Die Tatsache, daß Sie dieses Buch lesen, zeigt mir jedoch, daß Sie einen persönlichen Hunger danach haben, den Heiligen Geist kennenzulernen. Sie können mit dem Geist »erfüllt« sein und eine unwiderlegbare Begegnung mit ihm gehabt haben, aber ein tiefes Verständnis des Heiligen Geistes kommt nicht über Nacht. Bei mir hat es viele Jahre seiner Führung und Offenbarung der Schrift gedauert. Und auch heute lerne ich Tag für Tag dazu.

Die Gottheit

Was ich Ihnen jetzt über die Gottheit mitteilen werde, hat mir selbst ein völlig neues Bild vom Vater, vom Sohn und vom Heiligen Geist vermittelt. Ich habe herausgefunden, daß Gott ewiger Geist ist, mit einer nicht materiellen Gestalt, aber daß er sich oft in menschlicher Form oder menschlichen Wesenszügen offenbart.

Gott der Vater

Auf welche Weise erscheint Gott dem Menschen? Als Ezechiel Gott in einer Vision sah – das war 593 vor Christus – beschrieb er ihn als über einer Platte sitzend, die die Schöpfung von der Herrlichkeit Gottes trennte. »Auf dem, was einem Thron glich, saß eine Gestalt, die wie ein Mensch aussah« (Ez 1,26). Wie war das Erscheinungsbild Gottes des Vaters? Wie das eines Mannes.

Sie sagen: »Ich habe gelernt, daß Gott Geist ist.« Ja, aber er ist Geist mit einer geheimnisvollen Gestalt, nicht irgendeine Wolke, die im Raum umherschwebt. Der Apostel Johannes beschrieb es in der Offenbarung folgendermaßen: »Sogleich wurde ich vom Geist ergriffen. Und ich sah: Ein Thron stand im Himmel; auf dem Thron saß einer, der wie ein Jaspis und ein Karneol aussah« (Offb 4,2 – 3 a).

Die Propheten beschreiben die Merkmale Gottes sehr detailliert. Jesaja sagt: »Seine Lippen sind voll grollendem Zorn, seine Zunge ist wie ein verzehrendes Feuer, sein Atem wie ein reißender Bach, der bis an den Hals reicht« (Jes 30,27 – 28).

Zu meinem Erstaunen wird Gott als jemand mit Fingern und Händen und einem Gesicht beschrieben. Nachdem der Herr auf dem Berg Sinai zu Moses gesprochen hatte, gab er ihm die Steintafeln, »... steinerne Tafeln, auf die der Finger Gottes geschrieben hatte« (Ex 31,18). Dann sagte Gott zu Moses: »Du kannst mein Angesicht nicht sehen; denn kein Mensch kann mich sehen und am Leben bleiben« (Ex 33,20).

Er sprach mit Mose sogar über seinen »Rücken«. Er sagte: »Wenn meine Herrlichkeit vorüberzieht, stelle ich dich in den Felsspalt und halte meine Hand über dich, bis ich vorüber bin. Dann ziehe ich meine Hand zurück, und du wirst meinen Rücken sehen. Mein Angesicht aber kann niemand sehen« (Verse 22 – 23).

Wenn Gott sich lediglich als unsichtbarer Geist offenbart, wie war es dann möglich, daß Adam und Eva seine Schritte hören konnten? »Als sie Gott, den Herrn im Garten gegen den Tagwind einherschreiten hörten ...« (Gen 3,8).

Gott hat auch ein Herz: »Da reute es den Herrn, auf der Erde den Menschen gemacht zu haben, und es tat seinem Herzen weh« (Gen 6,6).

Wie ein »loderndes Feuer«

Lassen Sie uns nun den Sohn ansehen.

Bevor Jesus zur Erde kam, war er in immaterieller Gestalt beim Vater. Sein Leib aus Fleisch, Blut und Knochen wurde ihm gegeben, als er als Baby in Bethlehem geboren wurde. Und wie Sie wuchs er zu einem erwachsenen Menschen heran.

Wenn ich Sie fragte: »Wer von Vater, Sohn und Heiligem Geist ist eine reale Person?« – würden die meisten Menschen antworten: Der Sohn. Wir können uns mit Christus identifizieren, weil er menschliche Gestalt annahm. Und wenn Sie nicht glauben, daß Christus lebte, starb und von den Toten auferstand, dann ist es unmöglich für Sie, Christ zu sein. Das ist die Grundlage, die Ihre Rettung ermöglicht.

Die Bibel verdeutlicht, daß Jesus – als Teil der Gottheit – eine Seele hat. Im Garten Gethsemane vor seiner Kreuzigung sagte er zu seinen Jüngern: »Meine Seele ist zu Tode betrübt« (Mk 14,34 a).

Wir haben eine körperliche Beschreibung von Christus, die unsere Vorstellung von ihm prägt. Wir wissen zum Beispiel, daß er einen Bart und lange Haare trug. In der alttestamentarischen Prophetie über das Leiden des Messias, sagt Gott: »Ich hielt meinen Rücken denen hin, die mich schlugen, und denen, die mir den Bart ausrissen« (Jes 50,6). Außerdem war Christus Nazarener, und in der Stadt Nazareth trug man üblicherweise langes Haar.

Heute sitzt Christus mit seinem Auferstehungsleib zur Rechten Gottes des Vaters. Und wie sieht er jetzt aus? In der Offenbarung beschreibt Johannes eine Vision von ihm: »Er war bekleidet mit einem Gewand, das bis auf die Füße reichte, und um die Brust trug er einen Gürtel aus Gold. Sein Haupt und seine Haare waren weiß wie weiße Wolle, leuchtend weiß wie Schnee, und seine Augen wie Feuerflammen ... und sein Gesicht leuchtete wie die machtvoll strahlende Sonne« (Offb 1,13 – 14.16). Auf seinem Kopf trug er »einen goldenen

Kranz« (Offb 14,14). Und auf seinem Gewand standen die Worte: »König der Könige und Herr der Herren« (Offb 19,16).

Hier spricht Johannes nicht von Gott dem Vater. Es ist der »Menschensohn«. Und sein verherrlichter Leib unterscheidet sich von der göttlichen Gestalt Gottes des Vaters.

Ein eigenständiges Wesen

Aber wie steht es mit dem Heiligen Geist? Hat er auch ein eigenständiges Denkvermögen, einen Willen und Gefühle? Hat er einen Körper? Ganz sicherlich. Das ist ein Thema, vor dem viele Prediger Angst haben, aber ich habe die Person des Heiligen Geistes erlebt.

Ohne Frage sind wir uns einig, daß er ein »Geist« ist. Das ist ja schon Teil seines Namens. Aber was ist mit seinem inneren Wesen? Ist er wirklich eine »Person«?

Der Heilige Geist hat ein eigenes Denkvermögen. Paulus sagte von ihm: »Und Gott, der die Herzen erforscht, weiß, was die Absicht des Geistes ist: Er tritt so, wie Gott es will, für die Heiligen ein« (Röm 8,27). Der Heilige Geist hat die Fähigkeit, eigenständig zu denken. Das Denkvermögen des Geistes kann von dem des Vaters und des Sohnes unterschieden werden.

Er hat auch Gefühle. Er empfindet tief, so daß er bekümmert sein und lieben kann: »Und beleidigt nicht den Heiligen Geist Gottes, dessen Siegel ihr tragt für den Tag der Erlösung« (Eph 4,30). Sein Herz kann angerührt werden, und es kann Liebe ausdrücken. In seinem Brief an die Römer sagte Paulus: »Ich bitte euch, meine Brüder, im Namen Jesu Christi, unseres Herrn, und bei der Liebe des Geistes: Steht mir bei, und betet für mich zu Gott« (Röm 15,30). Können Sie sich vorstellen, ohne Gefühle zu lieben?

Die Person des Geistes

Nun zum *Willen* des Heiligen Geistes. Vielleicht haben Sie es nie für möglich gehalten, daß der Heilige Geist eigene Entscheidungen trifft. Das kann er ganz sicher, aber seine Entscheidungen stehen immer in Übereinstimmung mit denen des Vaters und des Sohnes. In seinen Erläuterungen über Geistesgaben schrieb Paulus: »Das alles bewirkt ein und derselbe Geist; einem jeden teilt er seine besondere Gabe zu, wie er will« (1 Kor 12,11). Anders gesagt: Der Heilige Geist trifft hier die Entscheidung.

Tauben und Lämmer

Es ist die Frage über den »Leib« des Heiligen Geistes, die am meisten Verwirrung verursacht. Kürzlich sagte mir ein Mann: »Benny, der Leib des Heiligen Geistes ist doch der Leib einer Taube. So kam er vom Himmel herab.« Ich antwortete: »Wenn das wahr ist, mußt du auch glauben, daß Jesus in Wirklichkeit ein kleines Lamm war. So wird er in der Offenbarung dargestellt.«

Im Buch der Offenbarung hörte der Apostel Johannes einen Ältesten sagen: »Weine nicht! Gesiegt hat der Löwe aus dem Stamm Juda, der Sproß aus der Wurzel Davids« (Offb 5,5). Johannes wandte sich um und erwartete, einen brüllenden Löwen zu sehen, aber statt dessen erblickte er ein sanftes Lamm, das geopfert war. Jesus fuhr mit einem körperlichen Leib zum Himmel, mit Nägelmalen in seinen Händen. Aber das Symbol, das Johannes sah, war ein Lamm. Warum? Das Lamm symbolisierte das Lamm Gottes – Jesus Christus.

Der Heilige Geist erschien Jesus direkt nach seiner Taufe: »Da öffnete sich der Himmel, und er sah den Geist Gottes wie eine Taube auf sich herabkommen« (Mt 3,16). Genau wie der Vater und Sohn sichtbar sein können, so ist es mit dem Heiligen Geist. Aber sein Herabkommen in Form einer wunderschönen Taube bedeutet nicht, daß er auch im Himmel wie eine Taube umherfliegt. Genausowenig geht Jesus mit dem Leib eines Lammes durch den Himmel.

In der Offenbarung wurde der Heilige Geist als »sieben lodernde Fackeln« beschrieben (Offb 4,5). Wenn der Geist als eine Taube im Matthäusevangelium beschrieben wird, kann man eigentlich nicht erwarten, daß er einen Leib aus sieben lodernden Fackeln hat. Der Heilige Geist ist nicht sieben Fackeln, genausowenig ist er eine Taube. Ein Lamm, eine Taube, eine Fackel – *dies alles sind Symbole*, nicht wirklich physische Leiber.

Hören, Sprechen, Sehen

Aus der Schrift lerne ich jedoch, daß der Heilige Geist kommunizieren kann, obwohl er keine Ohren oder einen Mund hat. Er kann auf jeden Fall hören und zu uns sprechen: »Er wird sagen, was er hört« (Joh 16,13). Und wir müssen ihm zuhören: »Wer Ohren hat, der höre, was der Geist den Gemeinden sagt« (Offb 2,7). Und obwohl er nicht solche Augen hat wie ich – »der Geist ergründet (sieht) nämlich alles, auch die Tiefen Gottes« (1 Kor 2,10). Da Sie mit Ohren, einem Mund und Augen geschaffen wurden – würden Sie dann nicht automatisch erwarten, daß der Schöpfer – Vater, Sohn und Heiliger Geist – in der Lage sind, Sie zu verstehen und zu Ihnen zu reden?

Ich glaube außerdem, daß der Heilige Geist seine Gegenwart in körperlicher Form offenbaren kann, wobei er trotzdem ohne Begrenzung und völlig allgegenwärtig bleibt. Die Schrift verdeutlicht das in den Worten: »Und der Geist Gottes schwebte über dem Wasser« (Gen 1,2).

Nun sagt mir die Bibel nicht genau, wie er aussieht. Ich habe einige Anhaltspunkte darüber, wie der Vater sich offenbart. Und ich finde einige Beschreibungen von Christus. Aber Einzelheiten darüber, wie sich der Heilige Geist uns offenbart, finden sich in der Heiligen Schrift kaum. Manchmal sieht man ihn, ohne ihn zu hören; an anderen Stellen wird er gehört, aber nicht gesehen. Aber immer kann er seine Gegenwart und seine Botschaft in der Form offenbaren, die er dafür auswählt.

Eine verblüffende Ähnlichkeit

»Wie sieht Gott der Vater manchmal aus?« Obwohl ich nie eine sichtbare, körperliche Erscheinung von ihm erlebt habe, glaube ich – wie beim Heiligen Geist –, daß er sich darstellen kann, wie Jesus auf der Erde aussah. Viele Charaktereigenschaften werden sogar durch die menschliche Natur vermittelt, die ja in seinem Ebenbild geschaffen ist (Gen 1,26 – 27; Jak 3,9).

Im Hebräerbrief wird Christus als »Abglanz seiner Herrlichkeit und das Abbild seines Wesens« beschrieben (Hebr 1,3). Das bedeutet: Wenn wir Jesus sehen, sehen wir auch den Vater (siehe Joh 14,9). Und ich glaube, daß Jesus den Heiligen Geist so offenbart, wie er den Vater offenbart. Sehen Sie Jesus an, dann sehen Sie gleichzeitig den Heiligen Geist.

Noch einmal: Der Heilige Geist ist kein himmlischer Wind oder eine trübe Wolke, die in Ihr Leben hinein- und wieder herausschwebt. Er ist Gott, und er wohnt in uns – gleich dem Vater und dem Sohn in der Dreieinigkeit. Paulus schrieb den Korinthern: »Wißt ihr nicht, daß ihr Gottes Tempel seid und der Geist Gottes in euch wohnt? Wer den Tempel Gottes verdirbt, den wird Gott verderben. Denn Gottes Tempel ist heilig, und der seid ihr« (1 Kor 3,16 – 17). Er sagt, daß der Geist in Gottes Tempel wohnt. Und wir sind dieser Tempel, und der Vater und der Geist wohnen beide in uns.

Gleich dem Vater und dem Sohn

Der Heilige Geist ist nicht nur einfach eine Person, die vom Vater und vom Sohn unterschieden werden kann. Er ist viel mehr. Er ist Gott, ganz gleich mit dem Vater und Christus.

Erstens erkennen wir, daß *der Heilige Geist allgegenwärtig* ist. Mit anderen Worten: Er kann an allen Orten gleichzeitig sein. »Geister« sind nicht allgegenwärtig, aber der Heilige Geist ist es. Er ist genauso real in Berlin wie in Leningrad. Überall gleich lebendig. Überall gleich voller Herrlichkeit.

Nun haben einige Leute unnötigerweise Probleme mit Satan. Sie denken, daß der Teufel allgegenwärtig sei. Lassen Sie mich Ihnen versichern: Das ist er nicht. Satan kann nicht gleichzeitig überall sein. Warum? Weil Engel nicht überall gleichzeitig sein können, und der Teufel war ein Engel, ein Erzengel. Die Engel Michael oder Gabriel sind nicht allgegenwärtig, und genausowenig ist es Satan.

Die Allgegenwart des Heiligen Geistes wird in den Psalmen beschrieben:

»Wohin könnte ich fliehen vor deinem Angesicht,
wohin mich vor deinem Angesicht flüchten?
Steige ich hinauf in den Himmel, so bist du dort;
bette ich mich in der Unterwelt, bist du zugegen.
Nehme ich die Flügel des Morgenrots
und lasse mich nieder am äußersten Meer,
auch dort wird deine Hand mich ergreifen
und deine Rechte mich fassen«

(Ps 139,7 – 10).

Aber er ist nicht nur allgegenwärtig; *der Heilige Geist ist allmächtig.* Der Engel sagte zu Maria: »Der Heilige Geist wird über dich kommen, und die Kraft des Höchsten wird dich überschatten« (Lk 1,35). Die Kraft des Höchsten bedeutet der Heilige Geist, und er ist allmächtig. Voller Herrlichkeit. Voller Kraft. Allmächtiger Gott!

Der Heilige Geist ist außerdem allwissend. Er weiß alles. Mich begeistern die Worte:

»Wir verkündigen, wie es in der Schrift heißt,

was kein Auge gesehen und kein Ohr gehört hat,
was keinem Menschen in den Sinn gekommen ist:
das Große, das Gott denen bereitet hat,
die ihn lieben. Denn uns hat es Gott enthüllt durch
den Geist. Der Geist ergründet nämlich alles,
auch die Tiefen Gottes.
Wer von den Menschen kennt den Menschen,
wenn nicht der Geist des Menschen,
der in ihm ist?
So erkennt auch keiner Gott – nur der Geist Gottes«
(1 Kor 2,9 – 11).

Denken Sie darüber nach! Der Heilige Geist ergründet den Sinn Gottes. Er ergründet ihn und offenbart es Ihnen. Er sagt: »Hier ist, was ich herausgefunden habe.« Wie kann er die »Tiefen Gottes« ergründen? Weil er allwissend ist.

Es gibt noch etwas, was Sie über Satan wissen müssen. Er kann nicht Ihre Gedanken lesen. Engel können Ihre Gedanken nicht lesen, und der Teufel ist ein Engel. Wenn er Ihre Gedanken lesen könnte, wäre er ein allwissender Geist. Aber dies ist dem Vater und dem Heiligen Geist vorbehalten. Satan kann nicht Ihre Gedanken lesen.

Soll man den Heiligen Geist anbeten?

Ich stelle jetzt eine sehr wichtige Frage. Wenn der Heilige Geist allgegenwärtig ist, wenn er allmächtig und allwissend ist, sollen wir ihn dann anbeten, als Gott? Gebühren ihm Lob und Anbetung?

Christen haben ein ziemliches Problem damit, wenn es darum geht, den Geist anzubeten. Das ist ein Thema, das ungern diskutiert wird. Und wenn man sie fragt: »Warum beten Sie den Heiligen Geist nicht an?«, scheinen sie nicht in der Lage zu sein, zu antworten. Wahrscheinlich sagen sie etwas wie: »Nun, das sollen wir nicht tun.«

Ehrlich gesagt hatte ich das gleiche Problem. Warum? Weil der Teufel mich hinters Licht führte. Ich dachte: »Wie kann ich ihn anbeten? Das hat mir keiner beigebracht.«

Aber der Heilige Geist ist viel mehr als ein durch die Luft schwebendes Wesen, das den Menschen ein paar Pfingsterlebnisse verleiht. Wenn es stimmt, daß, wie wir erläutert haben, er dem Vater und dem Sohn gleich ist, dann muß er auch angebetet werden. Denn wir beten ja auch den Vater und den Sohn an, oder?

Sie mögen sich fragen: »Wie sollte der Heilige Geist angebetet werden?« Nun, wie beten Sie Gott den Vater an? Und wie beten Sie den Sohn an? Da sollte es keine Unterschiede geben. Sie sollten ihn mit Ihrer Liebe und Hingabe überschütten.

Die Bibel sagt uns, daß die Gottheit – Vater, Sohn und Geist – unabhängig existiert: »Wieviel mehr wird das Blut Christi, der sich selbst kraft ewigen Geistes Gott als makelloses Opfer dargebracht hat, unser Gewissen von toten Werken reinigen, damit wir dem lebendigen Gott dienen« (Hebr 9,14).

Wenn wir uns die Engel anschauen, erkennen wir, daß es sie nur gibt, weil es Jesus gibt. Aber ich möchte Ihnen noch etwas Neues mitteilen. Gott der Heilige Geist kann genauso als der »Ich bin« bezeichnet werden wie Gott der Vater (Jahwe) und Gott der Sohn.

Öl, Wasser, Wolken und Licht

Seit meiner ersten Begegnung mit dem Heiligen Geist habe ich in zunehmendem Maß die Realität seiner Gegenwart empfunden. Jede Schriftstelle, jede Begegnung und jede Offenbarung macht mein Wandeln im Geist vollkommener.

Kürzlich sagte ich während des Bibelstudiums zu meiner Frau: »Weißt du, ich spüre die Gegenwart Gottes überall um mich.« Ich hatte mir an diesem Abend über eine Bibelstelle und ihre Verbindung mit dem Heiligen Geist Gedanken gemacht. Ich hatte mich gefragt: »Was bedeutet es wirklich, den Heiligen Geist zu betrüben?«

Was ich lernte war, daß der Heilige Geist nicht nur ein Geist ist, der willkürlich auch eine Form annehmen kann. *Er ist so real, daß man sich ihm auch verweigern kann.* Viele Menschen meinen, der Heilige Geist sei ein Wind. Aber das stimmt nicht. Das ist wiederum nur eines der vielen Symbole, um das Wesen des Geistes zu beschreiben – Öl, Wasser, eine Taube, eine Wolke, Licht und vieles mehr. Das bedeutet natürlich auf keinen Fall, daß er so aussieht wie diese Symbole.

Wind ist unsichtbar, aber man kann ihm nicht widerstehen. Das Wort *widerstehen* bedeutet auch, »sich dagegen stellen« oder »opponieren«. Wenn Sie versuchen, sich dem Wind entgegenzustellen, merken Sie, daß er einfach weiterweht. Aber gegen den Heiligen Geist können Sie sich stellen. Sie können ihn wirklich daran hindern zu handeln. Bei seiner Rede vor dem Hohen Rat zitierte Stephanus einige Worte von Moses: »Ihr Halsstarrigen, ihr, die ihr euch mit Herz und Ohr immerzu dem Heiligen Geist widersetzt, eure Väter schon und nun auch ihr« (Apg 7,51).

Sie stellten sich gegen ihn, und sie taten es leider erfolgreich. Bedenken Sie eines: Sie können weder Wind noch Öl noch einer Taube widerstehen – aber Sie können einer Person widerstehen – und der Heilige Geist ist eine Person.

Dann verfolgte ich die Worte »Trauer« und »betrübt« auf ihren Ursprung im Griechischen zurück. Das Stammwort ist *lypeo*. Und es bedeutet: »im Geist und am Körper Schmerzen empfinden; geistig und körperlich leiden.«

Der Heilige Geist ist eine Person – sonst hätte Paulus nicht gesagt: »Und beleidigt nicht den Heiligen Geist« (Eph 4,30). Der Heilige Geist kann nicht nur verletzt werden. Verletzung geschieht auf emotionaler Ebene. Er trauert, er ist betrübt, – das geht viel tiefer.

Und nicht nur das: Der Heilige Geist kann auch *ausgelöscht* werden. Paulus warnte die Gemeinde in Thessalonich: »Löscht den Geist nicht aus!« (1 Thess 5,19). Den Wind oder die anderen Symbole kann man nicht auslöschen. Aber man kann eine Person stoppen. Und das ist der Heilige Geist.

Leicht verletzbar

Sie müssen auch verstehen, daß der Heilige Geist gequält und angegriffen werden kann. Er kann verärgert und betrübt werden. Jesaja sprach von der Freundlichkeit Gottes und seiner Gnade gegenüber Israel: »Sie aber lehnten sich gegen ihn auf und betrübten seinen heiligen Geist« (Jes 63,10). Das ist schwer vorstellbar, aber es ist wahr. Der Heilige Geist kann von menschlichen Wesen »gequält« werden.

In der Ursprungssprache trägt dieses Wort noch die Bedeutungen »niederdrücken, ärgern« und sogar »angreifen«. Nur eine Person kann Opfer solcher Angriffe werden.

Ein starker Wind läßt sich nicht besänftigen, aber der Heilige Geist schon: »... sie bringen meinen Geist über das Land des Nordens (zur Ruhe)« (Sach 6,8). Der Heilige Geist ist eine Person, die auf Ihre Wünsche reagiert. Sie können ihm sagen, daß er schweigen soll, und er wird es tun. Aber dann riskieren Sie es, ihn zu betrüben.

So oft habe ich in öffentlichen Versammlungen erlebt, daß der Heilige Geist reden wollte und dann durch menschliche Reaktionen zum Schweigen gebracht wurde. In solchen heiligen Momenten habe ich gespürt, wie sich der Heilige Geist zurückzog.

Der Heilige Geist ist kein Kämpfer; er ist ein Liebhaber. Wenn Sie ihm widerstehen, wird er weggehen. Er ist nicht wie Satan, der, wie die Bibel sagt, von Ihnen »fliehen« wird, wenn Sie ihm widerstehen. Der Heilige Geist wird nicht vor Angst davonlaufen – vielmehr wird er Sie mit verwundetem Herzen verlassen. Wenn er betrübt ist, zieht er sich sanft zurück. Wie tragisch, sich vorzustellen, daß Menschen eine so liebenswerte Person verärgern oder zum Schweigen bringen wollen. Aber das tun sie. Die Kinder Israel taten es. Und auch heute verwunden wir ihn durch unsere Ignoranz und Rebellion, während er sich nach unserer Liebe und Gemeinschaft sehnt.

Ich kann immer noch Kathryn Kuhlmans Worte in Pittsburgh hören, als sie voller Schmerz sagte: »Bitte! Verletzt ihn nicht. Er ist alles, was ich habe.«

Wind in Ihren Segeln

»Wenn du auf der Straße einem Betrunkenen begegnest, dann wechsle die Seite.« Diesen Rat gab mein Vater uns Kindern, als wir im Heiligen Land aufwuchsen.
Jeden Morgen gingen meine Geschwister und ich in die katholische Schule. Und natürlich passierte es – mehr als einmal, daß uns ein Betrunkener entgegenkam. Schon fast instinktiv erinnerten wir uns an die Worte unseres Vaters und gingen auf die andere Straßenseite, bis wir den Betrunkenen passiert hatten.
Woher wußten wir, daß er betrunken war? Nun, wir gingen natürlich nicht zu ihm hin und fragten: »Sind Sie betrunken?« oder: »Lassen Sie mich mal Ihren Atem riechen.« Natürlich nicht. Aber auch als Kinder wußten wir, daß er Alkohol getrunken hatte. Es war an so vielen Merkmalen zu erkennen – an der Art, wie er sich bewegte, an seinem Gesichtsausdruck, an seiner unordentlichen Kleidung. Mancherorts würde man sagen, er war »sternhagelvoll«.
Die Wahrheit über sein nicht gottgemäßes Verhalten war simpel: Er unterstand einer falschen Macht. Er hatte sich dem falschen Einfluß ausgeliefert.
Der Apostel Paulus hätte es nicht schärfer sagen können: »Berauscht euch nicht mit Wein – das macht zügellos –, sondern laßt euch vom Geist erfüllen!« Welch ein Unterschied besteht zwischen einer zügellosen und einer gerechten Lebensweise. Trunkenheit, warnt Paulus, bedingt ein gottloses Handeln. Aber wenn ein Mann oder eine Frau vom Alkohol kontrolliert werden können, wieviel mehr kann dann der Heilige Geist einen Mann oder eine Frau kontrollieren?

Ist es schwierig festzustellen, wer die Kontrolle hat? Ganz und gar nicht. Jeden Tag treffen Sie Menschen, deren Herzen und Verstand Lichtjahre von Gott entfernt sind. Das ist offensichtlich. Sie hören es an ihrer Sprache. Sie sehen es an ihrer Handlungsweise. Es ist, als ob Satan selbst jeden Schritt in ihrem Leben leitet.

Das geisterfüllte Leben

Aber wie ergeht es demjenigen, der dem Heiligen Geist begegnet? Welches sind die äußeren Anzeichen eines geisterfüllten Lebens? Es gibt viele solche Anzeichen, und die Verwandlung ist höchst beeindruckend. Man kann es nicht erklären. Plötzlich beginnen sich überall positive Merkmale zu zeigen.

Gleich nach seinen Worten »Laßt euch vom Geist erfüllen« schildert Paulus in seinem Brief vier bestimmte Merkmale, die zu erwarten sind – so als säe man Samen in die Erde des Geistes, um dann die himmlische Frucht zu ernten.

Sie werden verändert

Das erste Merkmal, das Sie bei einem geisterfüllten Leben erwarten können, ist folgendes: *Ihr Sprachstil wird sich verändern.* Der Apostel forderte uns auf: »Laßt in eurer Mitte Psalmen erklingen« (Eph 5,19). Können Sie sich vorstellen, wie unglaublich verändert die Welt wäre, wenn unsere Gesprächsinhalte von Psalmen geprägt wären?

Eine kürzliche Studie hat ergeben, daß das meistbenutzte Wort im Englischen das »Ich« ist. Aber der geistgeführte Christ hat einen neuen Wortschatz. Er ist nicht egozentrisch, sondern auf Gott ausgerichtet. Plötzlich sagen Sie: »Lobt den Herrn« (Ps 150,1), und: »Alles, was atmet, lobe den Herrn!« (Vers 6).

Das zweite Merkmal, das Sie nach den Worten von Paulus erwarten sollten, ist dies: *Sie werden ein neues Lied singen.* Er schreibt: »Singt und jubelt aus vollem Herzen zum Lob des Herrn!« (Eph 5,19). Und hier geht es um viel mehr als um ein neues Lied – in Ihrem Herzen findet eine Veränderung statt. Wenn Sie in Ihrem Inneren verwandelt worden sind, wird eine neue Melodie in Ihnen aufsteigen. Das ist eine spontane Reaktion. Ich beanspruche nicht, ein Sänger zu sein, aber seit dem Moment, da ich dem Heiligen Geist begegnet bin, habe ich ein Lied auf den Lippen.

Das dritte Merkmal ist, daß Sie beginnen, *Gott zu danken.* »Sagt Gott, dem Vater, jederzeit Dank für alles im Namen Jesu Christi, unseres Herrn« (Eph 5,20). Plötzlich beginnen Sie, ihm für alles zu danken. Sie werden ihm für alles Gute und für das nicht so Gute danken. Sie werden erkennen, daß der Geber aller Gaben genau weiß, was Sie brauchen. Das Resultat ist, daß sich Ihre Einstellung verwandelt. Egal was passiert – Sie werden sagen: »Danke.«

Das vierte offensichtliche Zeichen besteht darin, daß Sie *ein Diener oder eine Dienerin werden.* Paulus schreibt: »Einer ordne sich dem anderen unter in der gemeinsamen Ehrfurcht vor Christus« (Vers 21). Das ist es, worum es bei den Worten »einander in Liebe ehren« geht. Ihr Herz wird sich danach sehnen, Menschen zu helfen. Der Heilige Geist bringt Sie soweit, daß Sie sagen werden: »Laß es mich nur wissen – ich werde es tun!«

Was bedeutet es, »mit dem Heiligen Geist erfüllt zu werden«? Einige Leute meinen, es sei so, als würde man sein Auto zur Tankstelle fahren und auftanken. Aber das ist nicht alles.

Ich habe an meinem Rednerpult eine Flasche Öl. Ich benutze es, genau wie die Schrift mich anweist, um diejenigen zu salben, die kommen, um geheilt zu werden. Es ist ein kleiner einfacher Behälter, der mit Olivenöl gefüllt ist. Aber wenn ich es aufgebraucht habe, ist er leer. Das Fläschchen füllt sich nicht von selbst wieder auf.

Die Worte »Laßt euch erfüllen« im Epheserbrief haben keine Verbindung zu dem Füllen einer Flasche oder eines Behälters. Im Griechischen wird grammatikalisch die Gegenwartszeit benutzt, und das zeigt an, daß das Erfülltwerden mit dem Geist keine einmalige Erfahrung ist. Es ist eine *fortdauernde* Erfahrung.

Haben Sie jemals einen Tag auf einem Segelboot verbracht? Das ist fantastisch. Was geschieht mit dem Boot, wenn die Segel gefüllt werden? Das Schiff beginnt sich zu bewegen. Und das beschreibt Paulus. Er möchte, daß Sie gefüllt werden, nicht wie ein Behälter, sondern wie ein Segel, das fortlaufend mit Wind gefüllt wird. Immer und immer wieder. Er möchte, daß Sie sich mit dem nie endenden Wind des Heiligen Geistes, der Ihre Segel füllt, voranbewegen.

»Was glauben Sie eigentlich, wer Sie sind?«

Mit dem Heiligen Geist erfüllt zu werden verursacht Aktivität. Es geschieht in Ihrer Sprache, in Ihrem Herzen, in Ihrer Einstellung und in Ihrem Handeln. Welch eine Veränderung! Nun sind Ihre Worte aufbauend, Ihr Herz ist von Harmonie bestimmt, Sie danken Gott, und Sie dienen Menschen mit ehrlichem und demütigem Herzen.

Wie kann ein Mann oder eine Frau, der bzw. die mit dem Geist erfüllt ist, grobschlächtig reden? Wie kann er oder sie ein Herz voller Eifersucht, Bitterkeit oder Kritiksucht haben? Eine geisterfüllte Person sagt nicht: »Was glauben Sie eigentlich, wer Sie sind, daß Sie sich erdreisten, mir zu sagen, was ich tun soll?« Oder: »Wie kann Gott mich so behandeln?« Das sind Merkmale einer auf sich selbst konzentrierten Person, die »geistentleert« und nicht »geisterfüllt« ist.

Als Christus zum Vater zurückkehrte, hatte er nicht die Absicht, Sie alles selbst machen zu lassen. Die Hilfe war schon unterwegs! Denn es ist ja nicht *Ihre* Kraft oder Macht, die entscheidend ist: »Nicht durch Macht, nicht durch Kraft, allein durch meinen Geist! – spricht der Herr der Heere« (Sach 4,6).

Es ist der Geist, durch den Sie befähigt werden, Jesus zu verherrlichen. Es ist der Geist, der ein Lied in Ihr Herz gibt. Es ist der Geist, durch den Sie sagen können: »Jesus, ich danke dir für alles.« Und es ist der Geist, der Sie befähigt zu sagen: »Ich vergebe dir.«

Auf welche Weise ist die Liebe Gottes »in unsere Herzen ausgegossen«? Durch den Heiligen Geist.

Sie haben den Wind noch nie gesehen, aber Sie haben natürlich schon die Folgen des Windes gesehen. Die Bäume biegen sich. Die Fahnen flattern. Und das Schiff setzt sich in Bewegung. Was für eine Kraft steckt dahinter.

Sie müssen den Heiligen Geist nicht sehen, um zu wissen, daß er lebendig ist. Sie können die Auswirkungen seiner Kraft, die er Ihnen gibt, *spüren*. Wenn er Sie erfüllt, ist es überflüssig, nach einer Bestätigung zu suchen. Ich wurde einmal von einem Mann gefragt: »Benny, sag mir, ob ich mit dem Heiligen Geist erfüllt bin.«

Ich sagte: »Bruder, wenn du das nicht weißt, dann bist du es *nicht*!« Wenn Sie die Resultate sehen, müssen Sie keine Fragen mehr stellen. Diejenigen, die ihr Erfülltsein in Frage stellen, haben es noch nicht erfahren.

Es beginnt mit der Errettung

Vielleicht fragen Sie: »Wie werde ich mit dem Heiligen Geist erfüllt? Ist das Sprachengebet das entscheidende Merkmal?«

Der Heilige Geist ist von dem Moment an gegenwärtig, in dem Sie den Herrn Jesus Christus bitten, Ihre Sünden zu vergeben und Ihr Herz zu reinigen. Wenn Sie das nicht glauben, dann verstehen Sie die Dreieinigkeit Gottes nicht. So wie Paulus an Titus schrieb: »... hat er uns gerettet – nicht weil wir Werke vollbracht hätten, die uns gerecht machen können, sondern aufgrund seines Erbarmens – durch das Bad der Wiedergeburt und der Erneuerung im Heiligen Geist. Ihn hat er in reichem Maß über uns ausgegossen durch Jesus Christus, unseren Retter, damit wir durch seine Gnade gerecht gemacht werden und das ewige Leben erben, das wir erhoffen« (Tit 3,5 – 7).

Aber jetzt sprechen wir über die Erfüllung des Heiligen Geistes mit den Folgen, die buchstäblich hunderte Millionen Menschen weltweit erlebt haben. Die Statistiken sind überwältigend. Ich weiß, daß einige immer noch über diesen Punkt streiten wollen, aber ein *Mensch mit einer Erfahrung hat nie Chancen gegen einen Menschen mit einem Argument.*

Ich werde nie vergessen, wie ich die ersten Tage nach meiner Bekehrung erlebte. Ich war wie ein kleines Kind – und Sie wissen ja, was man über Babys sagt. Ständig fallen, schreien und bitten Sie um Hilfe. Genau so war ich. Ich äußerte sogar diesen Zweifel, den ich seitdem so oft gehört habe, gegenüber einem Mann in meiner Gemeinde. Ich sagte: »Ach, ich bin so verwirrt.«

Er fragte: »Was ist los?«

Ich sagte: »Ich bin nicht sicher, ob ich mit dem Heiligen Geist erfüllt bin.« Und ich war es nicht.

Also sagte er: »Benny, hast du darum gebeten?«

Ich antwortete: »Ja.«

Er sagte: »Das ist alles, was du tun mußt.«

Nun, sehen Sie, ich war ein Baby in Christus. Ich wußte damals nicht, was ich heute weiß. Ich wußte einfach nicht, wonach ich suchte, aber ich hörte, wie jemand sagte: »Alles, was du brauchst, ist, in Sprachen zu beten.«

Wie ich später lernte, ist das Sprachengebet nur *eine* der Gaben. Es ist nicht so sehr die Gabe, die Sie brauchen, sondern den *Geber*. Paulus schrieb an die Gemeinde in Rom: »Denn unwiderruflich sind Gnade und Berufung, die Gott gewährt« (Röm 11,29). Die Gaben werden nie verschwinden, aber die Kraft des Gebers kann zurückgezogen werden – und sie wird zurückgezogen, wenn der Geber vernachlässigt und betrübt wird.

Vergessen Sie nie, was mit König Saul geschah. Der Herr sagte: »Es reut mich, daß ich Saul zum König gemacht habe. Denn er hat sich von mir abgewandt und hat meine Befehle nicht ausgeführt« (1 Sam 15,11). Und als David von Samuel zum neuen König gesalbt wurde, lesen wir: »Der Geist des Herrn war von Saul gewichen« (1 Sam 16,14).

Sich ausliefern

Haben Sie Ihre Segel geflickt?

Vielleicht fragen Sie sich: »Wie soll ich mich dem Heiligen Geist nähern? Wie kann ich bereit werden, ihn zu empfangen?«

Vielleicht sollte ich Ihnen ein paar Fragen stellen. Ist Ihr Schiff bereit, loszusegeln? Ist es seetüchtig? Haben Sie Ihre Segel geflickt? Sind sie bereit, den Wind des Geistes aufzunehmen, wenn er beginnt, auf Sie zu wehen?

Es ist wie die Vorbereitung auf eine Ehe. Sie verbringen Zeit damit, nachzudenken und sich auf den Moment, in dem Sie vor dem heiligen Altar stehen werden, vorzubereiten. Dann geben Sie ein Versprechen, das Sie von diesem Tage an halten wollen. Sie geben sich Ihrem Ehepartner völlig hin. Es ist ein Akt liebender Hingabe. Und von diesem Zeitpunkt an wird ein einzigartiger Bund der Gemeinschaft geschaffen, den so nur Ehemann und Ehefrau kennen.

Aber was geschieht, wenn Sie teilweise zurücknehmen, was in der Ehe versprochen war? »Das darfst du nicht haben! Das gehört mir!« Und was geschieht, wenn Ihr Ehepartner dasselbe sagt? In Ihrer Beziehung würde eine Barriere entstehen. Die Einheit zwischen Ihnen würde zerbröckeln. Die Gemeinschaft würde sich auflösen. Nur völlige Hingabe bringt völlige Gemeinschaft. Sie schafft Liebe und Verständnis.

Es gibt nur einen Weg, eine zerbrochene Beziehung wiederherzustellen. Wie das Segel auf einem Boot kann man nicht immer stur und starr bleiben. Das Gegenteil ist nötig, Sie müssen flexibel sein und sich hingeben – sich einem neuen Erfülltwerden mit Liebe ausliefern.

In dem Moment, in dem Sie sich dem Herrn ausliefern, wird er Sie mit seinem Geist erfüllen. Sie müssen um diese Erfüllung nicht betteln. Und es sind auch nicht eimerweise Tränen vonnöten. Alles, was nötig ist, ist ein völliges Ausliefern an Christus und eine Bereitschaft, seinen Heiligen Geist zu empfangen.

Ein völliges Ausliefern führt zu einem völligen Erfülltwerden, und völlige Unterordnung führt zu völliger Gemeinschaft. Aber genauso wie in einer Ehe müssen Sie Tag für Tag daran arbeiten: »Jesus, ich liebe dich«; »Vater Gott, ich bete dich an«; »liebster Heiliger Geist, ich sehne mich nach Gemeinschaft mit dir.« Wenn Sie diese Art der Kommunikation mit ihm in ihrem täglichen Leben vernachlässigen, wird es Ihnen von Tag zu Tag schwerer fallen.

Wie ein scharfes Messer

Was geschieht mit einer Ehe, wenn ein Partner den anderen ignoriert? Nach kurzer Zeit kommt Bitterkeit in die Herzen. Worte beginnen zu schneiden wie ein scharfes Messer. Bald wird aus der Unfreundlichkeit Zorn, Eifersucht und noch Schlimmeres. Oftmals ist eine Trennung, Scheidung und Haß die Folge. Aber dabei kann diese Kluft so schnell überwunden werden. Das einzig Nötige ist ein erneutes Hingeben von Herzen und ein Erneuern des Versprechens, »zu lieben, zu ehren und zu schätzen«.

Das gleiche wird geschehen, wenn Sie Gott vernachlässigen. Sie werden Bitterkeit und Zorn entwickeln. Plötzlich werden Sie nicht mehr in Gemeinschaft mit Gott sein. So erlebten es die Kinder Israel in der Wüste. Sie fingen an, sich zu beklagen:

»Wären wir doch in Ägypten oder wenigstens hier in der Wüste gestorben! Warum nur will uns der Herr in jenes Land bringen? Etwa damit wir durch das Schwert umkommen und unsere Frauen und Kinder eine Beute der Feinde werden?« (Num 14,2 – 3). Und Gott sagte zu Mose und Aaron: »Wie lange soll das mit dieser bösen Gemeinde so weitergehen, die immer über mich murrt?« (Vers 27).

Die Kinder Israel änderten ihr Bekenntnis: »Gott ist Herr« in die Anklage: »Wäre es nicht besser, nach Ägypten zurückzukehren?« Was verursachte diese Veränderung? Sie hörten auf, Gott zu suchen, und ihre Herzen verhärteten sich. Und bevor sie verstanden, was geschah, hatten sie ihn verlassen.

Lassen Sie keinen Tag ohne ein erneutes Ausliefern an Gott vergehen. Paulus schrieb: »Darum werden wir nicht müde; wenn auch unser äußerer Mensch aufgerieben wird, der innere wird Tag für Tag erneuert« (2 Kor 4,16). Die Hingabe muß kontinuierlich geschehen, ein nie endendes sich Leeren vor Gott. Und wenn Sie sich dies zur Gewohnheit gemacht haben, beginnen Sie, Gottes vollkommene Gemeinschaft zu erleben, sein völliges Verstehen und seine vollkommene Liebe.

Ich glaube, daß es Gottes Wille für Sie ist, *fortlaufend* mit dem Heiligen Geist erfüllt zu sein. Fast im gleichen Atemzug sagt Paulus: »Laßt euch erfüllen mit dem Geist«, und »Darum seid nicht unverständig, sondern begreift, was der Wille des Herrn ist« (Eph 5,17). Paulus läßt keinen Zweifel daran, daß es der Wille des Vaters ist, daß der Heilige Geist in jedem Gläubigen wohnen soll. Es ist der Wille Gottes für jede Mutter, für jeden Vater, für jeden jungen Menschen – und für Sie.

Einfach entspannen

In einer Kirche in der Nähe von Toronto erlebte ich einmal mit, wie ein junger Mann um die Erfüllung mit dem Heiligen Geist betete. Ich werde nie seinen Gesichtsausdruck vergessen – völlig angespannt und angestrengt. Er bettelte förmlich um eine Begegnung mit dem Heiligen Geist.

Ich ging zu ihm hinüber und sagte: »Junger Mann, durch Betteln werden Sie gar nichts bekommen. Entspannen Sie sich einfach. Es ist ganz leicht, wenn Sie sich ausliefern.« Er tat es, und sofort kam der Heilige Geist auf ihn. Es war wunderschön. Ein Lächeln breitete sich auf seinem Gesicht aus, als er begann, in einer vom Geist inspirierten Sprache zu beten.

Wie können Sie sich ausliefern? Es wird nie funktionieren, wenn Sie es »versuchen«. Es ist wie beim Schwimmenlernen. Wenn Sie verkrampft kämpfen, um zu schwimmen, werden Sie versinken und vielleicht sogar ertrinken. Deshalb ist das erste, was ein Schwimmlehrer einem Kind beibringt, sich zu entspannen und treiben zu lassen. Das Schwimmen kommt ganz natürlich, wenn Sie nicht kämpfen.

Genauso ist es mit dem Ausliefern – es kommt instinktiv in ein hingegebenes Herz. Als Sie Ihren Partner fürs Leben trafen, haben Sie nicht »versucht«, sich zu verlieben. Es ist etwas, das entweder da ist oder nicht. Daran müssen Sie nicht arbeiten, denn Liebe liefert sich aus.

Wenn Jesus Ihr Herr ist, wenn Sie ihn von ganzem Herzen lieben, dann ist es nicht schwer, sich ihm hinzugeben. Genauso ist es mit dem Heiligen Geist. Jeden Tag, wenn Sie sich ihm darbringen, wird er Sie neu erfüllen. Sie bleiben frisch wie eine Blume in der Morgensonne. Er gibt Ihnen immer Leben – und die Blüten werden nicht verblühen.

Ich kann Ihnen keine Anweisung geben, wie Sie sich ihm nähern sollen, aber ich kann Ihnen erzählen, wie ich es mache. Oft betrete ich einfach mein Zimmer, verschließe die Tür und stehe einfach mit erhobenen Händen da. Er weiß, daß ich ihn liebe; ich weiß, daß er mich liebt. Und ich warte mit geöffneten Armen, um ihn zu empfangen.

Nun gab es vor Jahren eine Zeit, in der ich an seiner Liebe zweifelte. Das werde ich nie und nimmer vergessen. Es war in der Zeit, in der ich riesige Probleme mit meiner Familie hatte.

Meine Eltern waren »nicht von neuem geboren« (Joh 3,3), und unsere Beziehung war geprägt von tiefem Schmerz. Ich schaute damals eines Abends in meinem Zimmer nach oben und sagte: »Jesus, ich weiß, daß du in deinem Wort sagst, du liebst mich, ... aber bitte tu mir einen Gefallen. *Sag mir, daß du mich liebst.*« Dann ging ich schlafen.

Mitten in der Nacht wurde ich von einer Stimme geweckt, die wie rauschendes Wasser klang. Ich kann es nur als einen dichten, schweren Klang beschreiben. Dann begann eine Stimme von nirgendwo und überall gleichzeitig zu sprechen. Über dem Wasserrauschen hörte ich eine Stimme ganz klar sagen: »Ich liebe dich! Ich liebe dich!« Es war die Stimme Jesu. In diesem Moment schienen die Wände meines Zimmers richtig zu beben. Ich war erschrocken, denn die Gegenwart Gottes war so ungewöhnlich.

Aber von diesem Moment an habe ich seine Liebe nie mehr wieder in Frage gestellt. Er schenkt uns solche Erlebnisse, wenn wir sie brauchen – nicht, wenn wir sie wollen.

Oftmals stehe ich in meinem Zimmer, ohne ein Wort zu sagen. Ich bleibe vollkommen still. Ich bin sicher, Sie haben schon Zeiten erlebt, in denen Sie kein Wort sagen mußten, um einer Person Ihre Liebe zu versichern. Es gibt besondere Momente zwischen zwei Menschen, die zerstört würden, wenn ein Wort fiele. Stille ist oft die beste Sprache.

So oft habe ich mit Tränen in den Augen in meinem Zimmer gestanden. Eine unerklärliche Wärme und Schönheit erfüllen die Luft, wenn er beginnt, mich aufs neue zu füllen. Wie geschah das? Was tat ich? Wirklich: Ich tat nichts, ich stand lediglich in seiner Gegenwart mit einer Haltung der inneren Hingabe. Aber was in vollkommener Stille begann, ging mit Anbetung und Lobpreis weiter, der nie hätte enden müssen.

Wenn Sie fortdauernd vom Geist Gottes erfüllt werden, wird Ihr Gebetsleben eine Dimension bekommen, die Sie nie für möglich gehalten haben. Um die erfrischende Brise des

Geistes zu erleben, der Ihr Herz mit Lobpreis erfüllt, müssen Sie wissen, wie Sie sich im Gebet dem Thron Gottes nähern.

Schritt für Schritt

Es gibt sieben verschiedene Schritte im Gebet.

Der erste Schritt ist das *Bekenntnis*. Beginnen Sie damit, anzuerkennen, wer Gott ist. Abraham nannte ihn »... den Höchsten Gott, den Schöpfer des Himmels und der Erde« (Gen 14,22) Beginnen Sie, indem Sie die Kraft des Allmächtigen verkünden. Elia begann sein Gebet auf dem Berg Karmel mit den Worten: »Herr, Gott Abrahams, Isaaks und Israels« (1 Kön 18,36). Wenn Sie möchten, daß das Feuer fällt, beginnen Sie, indem Sie bekennen, wer Gott ist.

Die nächste Ebene im Gebet ist *das Bittgebet*. »Bringt betend eure Bitten vor Gott.« Leider verbringen viele Menschen mit diesem Punkt viel zu viel Zeit. Ihr gesamtes Gebetsleben scheint auf Nöte, Wünsche und Forderungen konzentriert zu sein. Natürlich verdienen Ihre persönlichen Probleme Gottes Aufmerksamkeit, aber Sie sollten nicht aufhören zu beten, sobald Sie diese ihm mitgeteilt haben. Das Beste kommt nämlich noch.

Der dritte Schritt – ein Schritt, den ich wirklich mag – ist *Anbetung*. Es sollte eine Zeit in absoluter Schönheit und Lobpreis sein. Ihn lieben. Ihn anbeten. Man könnte mit den Worten »Jesus, ich liebe dich« beginnen. Plötzlich spüren Sie die Gegenwart des Heiligen Geistes, und zwei Stunden später schauen Sie auf Ihre Uhr und sagen: »Ich kann nicht glauben, daß die Zeit so schnell vorbeigegangen ist.« Alles ist so real, so lebendig.

Viertens gibt es eine Zeit der *Vertrautheit*. Es ist fast zu liebevoll, zu heilig, zu schön, um beschrieben zu werden. Ich habe Momente erlebt, in denen ich tief im Gebet war und spürte, als ob jemand dastünde und meine Stirn rieb. Es war, als ob Gott zu mir sagen würde: »Danke. Ich bin so froh, bei dir zu sein.« Denken Sie daran: Der Heilige Geist wird sich Ihnen nie aufzwingen. Er knüpft keine Forderungen und Bedingungen an Ihr Gebetsleben. Aber wenn Sie sagen: »Hilf mir beten«, dann ist er bereit zu antworten.

Manchmal hat mein Gebet auf dieser Ebene über Stunden angehalten. Aber mit dieser Vertrautheit läßt sich nicht beginnen. Es ist auch nicht möglich, durch die vorhergehenden Schritte hindurchzuhasten, um an diesen Punkt zu gelangen.

Die fünfte Ebene im Gebet ist *Fürbitte*. Jesus sagte, daß der Geist uns Dinge offenbaren würde, und genau das geschah mit mir. Wenn Sie den Geist einladen, Ihnen beten zu helfen, dann konzentriert er sich nicht auf Ihre selbstsüchtigen Nöte und Wünsche. Nein! Er ist nach außen gerichtet. Er hat Namen und Gesichter von Menschen in meinen Blick geholt, an die ich schon jahrelang nicht mehr gedacht hatte. Und ich trat im Gebet für sie ein.

Aber glauben Sie nicht, daß dies eine Zeit der Freude und Anbetung ist. Genau das Gegenteil ist der Fall. Das erstemal, als ich in Fürbitte eintrat, war ich nicht so sicher, daß ich das tatsächlich wollte. Die Gemeinschaft verschwand. Die Nähe verschwand. Während dieser Zeiten habe ich Schmerzen und Leid empfunden, die ich kaum mit Worten beschreiben kann. Ich habe buchstäblich den Fußboden mit allen meinen Kräften bearbeitet, während ich für meine Familie, für Freunde, für Pastoren – sogar für Nationen – betete.

Lassen Sie sich warnen. Es ist unmöglich, im Handumdrehen in Fürbitte zu treten. Diese Art der Fürbitte entsteht nicht sofort, weil es hier um eine Partnerschaft mit Gott geht, die eine tiefe, intensive persönliche Beziehung erfordert. Sie sehen, der Heilige Geist führt Ihr Gebetsleben Schritt für Schritt. Bei mir geschah es nicht am ersten Tag, oder am zweiten oder dritten. Es dauerte mindestens sechs Monate, bevor ich in die Tiefen des Gebets eindrang. Die Schrift lehrt mich, daß wenn wir im Kleinen treu sind, Gott uns mehr geben wird. Das tut er. Er ist der vollkommene Vater. Der vollkommene Lehrer.

Aber was dann als nächstes geschah, war die Mühe wert. Der sechste Schritt im Gebet ist *Danksagung*. Wie Paulus schrieb: »Gott aber sei Dank, der uns den Sieg geschenkt hat durch Jesus Christus, unseren Herrn« (1 Kor 15,57). Ich verbringe immer Zeit damit, dem Vater, dem Sohn und dem Heiligen Geist einfach zu danken.

Schritt Nummer sieben schließlich ist *Lobpreis*. Manchmal singe ich. Manchmal spreche ich in einer vom Geist gegebenen Sprache. Auf jeden Fall aber kommt dieser Lobpreis aus dem tiefsten Inneren meines Wesens. Es ist die reinste Form des Gebets, die ich je erlebt habe.

Sie mögen fragen: »Benny, gehen Sie immer alle sieben Schritte durch?« Meine Antwort ist: »Ja!« Und das Wunderbare am Geist Gottes ist: Wenn Sie ihm erlauben, im Gebet durch Sie zu wirken, werden Sie entdecken, daß Sie selbst gar nicht viel im Gebet tun. Er scheint alles zu tun. Sogar in der Fürbitte, so schmerzhaft sie auch ist, werden Sie von den Armen des Geistes emporgehoben, der Sie sofort erfrischt, sobald Sie mit Ihrem Gebet geendet haben.

Paulus hatte recht, als er sagte: »Hört nicht auf zu beten und zu flehen! Betet jederzeit im Geist; seid wachsam, harrt aus und bittet für alle Heiligen« (Eph 6,18). Er wußte, daß es mehr als eine Art des Gebetes gab.

»Er ist hier!«

Das Erfülltwerden mit dem Geist ist eine direkte Folge Ihres Gebetslebens, wofür es keinen Ersatz gibt. Das ist die Kraft, die alles beeinflussen wird, was Sie tun.

Kürzlich wurde ich eingeladen, im südamerikanischen Kolumbien zu predigen. Es war eine dreitägige Veranstaltung, und am Abend des zweiten Tages, einem Mittwoch, sprach ich über den Heiligen Geist. Mitten in meiner Botschaft spürte ich, wie die Kraft des Heiligen Geistes über den versammelten Menschen wirkte. Ich spürte seine Gegenwart, unterbrach meine Rede und sagte den Menschen: »Er ist hier!« Die Prediger auf der Bühne und Menschen im Publikum spürten dasselbe – es war wie ein Windhauch, der eintrat und im Raum umherwehte.

Spontan standen die Menschen auf und begannen, Gott zu loben. Aber sie blieben nicht lange stehen. Überall brachen sie zusammen und fielen unter der Kraft des Heiligen Geistes zu Boden. Sie »ruhten« im Geist.

Was dann geschah, hat sich schon in Gottesdiensten auf der ganzen Welt ereignet. Menschen empfingen Christus als ihren persönlichen Heiland, und im ganzen Publikum fanden Heilungen statt.

Wenn ich über den Heiligen Geist predige, folgt meiner Lehre eine ungewöhnliche *Salbung*. Immer. Es ist eine unglaubliche Manifestation der Gegenwart Gottes – sehr unterschiedlich zu allen anderen Momenten. Die Wunder scheinen intensiver zu sein. Mehr Menschen finden zu Christus als in anderen Veranstaltungen. Gott rührt Menschenleben auf konkretere Art an.

In diesen Veranstaltungen scheint der Altarruf so einfach zu sein. Es gibt kein Betteln oder Bitten. Unmittelbar kommen die Menschen in Scharen nach vorn, um ihre Erlösung zu empfangen. So wie Gott es versprach: Der Geist zieht Menschen zu Christus.

Nach den Gottesdiensten kommen Menschen nach vorn und sagen: »Das war die kraftvollste Veranstaltung, die ich je erlebt habe!« Es ist so, als würde der Heilige Geist den Gottesdienst besonders ehren, weil er ein so willkommener Gast ist.

Während derselben dreitägigen Veranstaltung kam Pastor Colin, mein Dolmetscher, nach der morgendlichen Lehre über den Heiligen Geist zu mir, die ich vor fast zweitausend Predigern gehalten hatte. Er begann zu schluchzen. Dann hob er seinen Kopf aus seinen Händen und sagte zutiefst berührt: »Lieber Bruder, ich weiß so wenig über den Heiligen Geist. Ich komme mir vor wie im Kindergarten.« Er war von der Realität der Botschaft überwältigt.

Andere Male habe ich erlebt, wie der Dolmetscher mitten in meiner Rede aufhörte und unkontrolliert zu weinen anfing. Das ist die Kraft des Geistes.

Was in solchen Gottesdiensten geschehen kann, kann ebenso gerade da geschehen, wo Sie sich momentan befinden. Deshalb bitte ich Sie, sich dem Geist völlig auszuliefern. Sie werden verstehen, was Paulus meint, wenn er sagt: »Laßt euch vom Geist erfüllen! Laßt in eurer Mitte Psalmen, Hymnen und Lieder erklingen … singt und jubelt aus vollem Herzen zum Lob des Herrn! Sagt Gott, dem Vater, jederzeit Dank für alles!« (Eph 5,18 – 21).

Ein zweiter Wind

Sind Sie bereit, Ihre Segel von Gottes himmlischem Wind füllen zu lassen? Es beginnt bei der Errettung, wenn Sie Ihre Sünde bekennen und Ihr Leben Gott widmen, um Jesus als Herrn und Retter nachzufolgen. Sogar Christus sprach über den Wind, als er über Errettung sprach. Er sagte zu Nikodemus, einem Mitglied des jüdischen herrschenden Rates: »Wundere dich nicht, daß ich dir sagte: Ihr müßt von neuem geboren werden. Der Wind weht, wo er will; du hörst sein Brausen, weißt aber nicht, woher er kommt und wohin er geht. So ist es mit jedem, der aus dem Geist geboren ist« (Joh 3,7 – 8).

So wie die Errettung als ein Wind beschrieben ist, ist auch der Heilige Geist als ein *zweiter Wind* beschrieben – ein Wind der Kraft. Am Pfingsttag »kam plötzlich vom Himmel her ein Brausen, wie wenn ein heftiger Sturm daherfährt, und erfüllte das ganze Haus, in dem sie waren« (Apg 2,2). Der Wind des Geistes weht voller Kraft. Es ist eine Kraft, die Ihr Leben in Bewegung setzen wird.

Es ist an der Zeit, Ihr Boot ins Wasser zu lassen. Hissen Sie Ihre Segel, und lassen Sie sich füllen – ständig füllen – mit dem Wind des Heiligen Geistes.

Ein mächtiger Einzug

Wie kann das sein? Gerade erst hatte ich mein Leben Christus übergeben und kämpfte und bemühte mich, als Christ zu leben. Das war im Februar 1972. Wenn ich mich im nachhinein daran erinnere, scheint das, was ich dann erlebte, fast unwahrscheinlich. Nachdem ich »von neuem geboren war«, wußte ich, daß mein Herz gereinigt war, aber die Probleme, vor denen ich stand, schienen unüberwindbar. Ich hatte Schwierigkeiten zu Hause, meine Zukunft war vollkommen ungewiß, und mein Selbstwertgefühl war so niedrig, wie es schlimmer nicht hätte sein können.

Oh, wie sehr hatte ich mit meinem Leben zu kämpfen! Manchmal war es sogar schwierig für mich, Gott meine ganze Liebe zu schenken. Ich hatte so viele dringende Fragen. Zwei Wochen nach meiner Bekehrung wurde ich dann mit dem Geist erfüllt. Von jenem Moment an erwartete ich den Himmel auf Erden. Aber es geschah nicht. Mein täglicher Kampf ging weiter.

Sicher gab es schöne Momente voller Freude und Begeisterung. Und ich hätte meine geistlichen Erfahrungen nicht für alles Geld in der Welt eingetauscht. Aber tief in meinem Inneren nagte monatelang ein Zweifel. »Ist das alles?« fragte ich mich. Die Frage verschwand nicht. »Hat Gott nicht noch etwas mehr für mich?«

Und dann, mitten in einer kalten Dezembernacht, fast zwei Jahre nachdem ich Christus begegnet war, geschah es. Während ich dort in Toronto im Bett lag, trat der Heilige Geist voller Kraft in mein Zimmer ein. Ich spürte einen elektrischen Strom und eine wärmende Decke um mich herum.

Es dauerte nur ein paar Tage, bis ich die Bedeutung dessen, was geschehen war, verstand. *Mein Kampf war vorüber!* Ich hatte die Einfachheit des Christenlebens entdeckt – eine persönliche Beziehung mit dem Heiligen Geist.

Heute ist mein Herz noch immer unruhig, aber aus einem völlig anderen Grund. Ich bin tief besorgt darüber, daß Millionen von Christen nie auch nur einen kleinen Teil dessen empfangen haben, was Gott für sie bereithält. Sie verpassen das Beste. Und sie werden nie wissen, wie wunderbar das Leben mit Christus wirklich sein kann, bevor sie nicht die dritte Person der Dreieinigkeit entdecken. *Er ist derjenige, der uns im Kampf hilft.*

Kein Kämpfer mehr

Seit dem Moment, in dem der Geist Gottes in mein Leben eingetreten war, mußte ich nicht mehr alleine kämpfen. Es gab zwar immer noch Feinde und Probleme in meinem Leben, aber das Kämpfen und Sorgen schien zu verschwinden. Ich erlebte, was dem Volk Israel schon Jahrhunderte zuvor durch den Propheten Ezechiel verheißen worden war. Gott sagte zu Ezechiel, der in einer Zeit großer politischer Unruhen lebte: »Ich schenke euch ein neues Herz und lege einen neuen Geist in euch. Ich nehme das Herz von Stein aus eurer Brust und gebe euch ein Herz von Fleisch. Ich lege meinen Geist in euch und bewirke, daß ihr meinen Gesetzen folgt und auf meine Gebote achtet und sie erfüllt« (Ez 36,26-27).

Das Problem ist auch heute noch dasselbe: Millionen von Menschen befinden sich in einem täglichen Kampf, um die Gebote Gottes zu halten, und sie verlieren, weil sie nicht den Kampfplan Gottes verstehen. Seine Strategie könnte nicht klarer und kürzer sein: »*Ich lege meinen Geist in euch*«, sagt Gott. Und warum ist das sein Plan? Er möchte, daß Sie aus dem

Tiefsten Ihres Herzens seinen Geboten folgen. Er will es *einfach* machen, seine Gebote zu halten.

Finden Sie es schwierig, Gottes Gebote zu befolgen? Dann sind Sie mit dieser Schwierigkeit nicht allein. Es ist völlig unmöglich, aus eigener Kraft erfolgreich zu sein, und Gott erwartet das auch gar nicht von Ihnen. Sie brauchen Hilfe! Aber an wen sollen Sie sich wenden? Gott der Vater ist im Himmel und ebenso Gott der Sohn. Sie brauchen hier und jetzt einen Freund. Die Person der Dreieinigkeit, die auf der Erde ist, ist der Heilige Geist. Er ist derjenige, den Sie unbedingt kennen müssen.

Wenn Sie eine Umfrage machen und die Leute fragen würden, was sie sich am meisten von Gott wünschen, wäre folgende Antwort wahrscheinlich: »Ich will, daß Gott zufrieden mit mir ist.« Und genau das versprach Gott dem Propheten Ezechiel. Gott sagte: »Ich verberge mein Gesicht nicht mehr vor ihnen; denn ich habe meinen Geist über das Haus Israel ausgegossen – Wort Gottes, des Herrn« (Ez 39,29).

In dem Moment, in dem der Heilige Geist Teil Ihres Lebens wird, wird Gott in Ihre Richtung schauen. Sein Gesicht wird auf Sie scheinen. Der große Wunsch des Vaters ist es, daß Sie ihn empfangen, von ihm erfüllt werden und Gemeinschaft mit ihm haben. Das macht ihn glücklich und zufrieden.

Beginnen Sie einfach, die Apostelgeschichte zu lesen. Dann werden Sie mitbekommen, was Gott geplant hatte. Die Apostel hatten eine fantastische Beziehung zum Heiligen Geist, und der Beweis dafür findet sich auf jeder Seite der Apostelgeschichte. Was aber vielleicht noch inspirierender ist, ist die Tatsache, daß die Apostelgeschichte immer noch geschieht – auch heute. Würde man die wunderbaren Taten des Heiligen Geistes alle aufzeichnen, gäbe es keine Bibliothek, die groß genug wäre, um die ganzen Bände zu fassen.

Was die Jünger im Obergemach erlebten, war nichts Unvorhergesehenes. Vor seiner Himmelfahrt sagte Jesus ihnen selbst, daß sie in Jerusalem bleiben und auf die Gabe warten sollten, die der Vater ihnen geben würde, »... die ihr von mir vernommen habt. Johannes hat mit Wasser getauft, ihr aber werdet schon in wenigen Tagen mit dem Heiligen Geist getauft« (Apg 1,4 – 5).

Christus beschrieb sogar, wie es sein würde und wie es das Leben der Jünger verändern würde: »Aber ihr werdet die Kraft des Heiligen Geistes empfangen, der auf euch herabkommen wird; und ihr werdet meine Zeugen sein in Jerusalem und in ganz Judäa und Samarien und bis an die Grenzen der Erde« (Vers 8).

Die Ankunft des Geistes

Ein mächtiger Wind

Die Ankunft des Heiligen Geistes auf der Erde war genauso real wie die Ankunft Jesu. Genau wie die Propheten den Messias vorausgesagt hatten, sprachen sie vom Kommen des Geistes. Hunderte von Jahren vor Christi Geburt sagte Gott zu Joel:

> »Danach aber wird es geschehen, daß ich
> meinen Geist ausgieße über alles Fleisch.
> Eure Söhne und Töchter werden Propheten sein,
> eure Alten werden Träume haben,
> und eure jungen Männer haben Visionen.
> Auch über Knechte und Mägde werde
> ich meinen Geist ausgießen in jenen Tagen«
> (Joel 3,1 – 2).

Der Heilige Geist kam. Und auf welch kraftvolle Weise! Der Klang eines donnernden Windes. Zungen aus Feuer. Eine Demonstration der Kraft Gottes. Seine Ankunft auf Erden war sehr spektakulär!

»Als der Pfingsttag gekommen war, befanden sich alle am gleichen Ort. Da kam plötzlich vom Himmel her ein Brausen, wie wenn ein heftiger Sturm daherfährt, und erfüllte das ganze Haus, in dem sie waren. Und es erschienen ihnen Zungen wie von Feuer, die sich verteilten; auf jeden von ihnen ließ sich eine nieder. Alle wurden mit dem Heiligen Geist erfüllt und begannen, in fremden Sprachen zu reden, wie es der Geist ihnen eingab«

(Apg 2,1 – 4).

Es war genau so, wie Jesaja es vorausgesagt hatte: »... mit stammelnder Lippe und fremder Zunge redet er ...« (Jes 28,11).

Der Moment, in dem Jesus geboren wurde, war von Frieden und Stille geprägt. Es war eine wunderschöne Nacht in Bethlehem, so klar, daß die Hirten dem Stern bis zur Scheune folgen konnten. Was für ein Unterschied zu dem kraftvollen Lärm, der die Ankunft des Heiligen Geistes begleitete. Er verursachte riesigen Aufruhr: »Als sich das Getöse erhob, strömte die Menge zusammen und war ganz bestürzt« (Apg 2,6).

Ich dachte immer, daß der Satz »als sich das Getöse erhob« bedeutete, daß jemand durch die Stadt läuft und sagt: »Kommt und seht, was da passiert!« Aber das stimmt gar nicht. Der Tumult war tatsächlich in der ganzen Stadt zu hören. »In Jerusalem aber wohnten Juden, fromme Männer aus allen Völkern unter dem Himmel ...« (Vers 5). Können Sie sich vorstellen, was sie dachten?

Das Wort sagt, daß, als sie den Lärm hörten, sie zusammenströmten und völlig überrascht waren, »denn jeder hörte sie in seiner Sprache reden« (Vers 6).

Bestürzt und erstaunt fragten sie: »Sind das nicht alles Galiläer, die hier reden? Wieso kann sie jeder von uns in seiner Muttersprache hören?« (Verse 7 – 8). Und als sie hörten, wie sie die Wunder Gottes in ihren eigenen Sprachen verkündeten, fragten sie einander: »Was hat das zu bedeuten?« (Vers 12).

Warum 120?

Diese brausende Ankunft des Geistes war nicht für einen Tempel aus Steinen geeignet. Statt dessen kam der Heilige Geist auf 120 Gläubige, die der neue Tempel Gottes wurden.

Erinnern Sie sich, wie Salomo seinen Tempelbau beendet hatte? »Bei ihnen waren hundertzwanzig Priester, die auf Trompeten bliesen« (2 Chr 5,12). Die Schrift berichtet: »Es kam wie aus einem Mund, wenn die Trompeten und Sänger gleichzeitig zum Lob und Preis des Herrn sich vernehmen ließen. Als sie mit ihren Trompeten, Zimbeln und Musikinstrumenten einsetzten und den Herrn priesen, ›Denn er ist gütig, denn seine Huld währt ewig‹, erfüllte eine Wolke den Tempel, das Haus des Herrn« (Verse 13 – 14).

Dieses Geschehen wiederholte sich im Obergemach. Einhundertzwanzig kamen zusammen, und der Geist Gottes erfüllte den Tempel. Warum 120? Diese Zahl bedeutet das Ende des Zeitalters des Fleisches und den Beginn des Zeitalters des Geistes. In Genesis, wo Noah 120 Jahre lang an der Arche baute, endete das Zeitalter des Fleisches. Gott sagte: »Mein Geist soll nicht für immer im Menschen bleiben, weil er auch Fleisch ist; daher soll seine Lebenszeit hundertzwanzig Jahre betragen« (Gen 6,3).

Genau zu diesem Zweck versammelte Gott an Pfingsten 120 Menschen. Damit Gott der Heilige Geist unter den Nationen freigesetzt wurde. *Es bezeichnete den Beginn des Zeitalters des Geistes.*

Beobachter konnten nicht verstehen, was da vor sich ging! Einige machten sich lustig und sagten: »Sie sind vom süßen Wein betrunken« (Apg 2,13). Aber »… da trat Petrus auf, zusammen mit den Elf; er erhob seine Stimme und begann zu reden: Ihr Juden und alle Bewohner von Jerusalem! Dies sollt ihr wissen, achtet auf meine Worte! Diese Männer sind nicht betrunken, wie ihr meint; es ist ja erst die dritte Stunde am

Morgen; sondern jetzt geschieht, was durch den Propheten Joel gesagt worden ist« (Vers 14 – 16).

Die 120 waren so sehr vom Geist erfüllt, daß sie sich nicht mehr unter Kontrolle hatten. Der Geist war so vollmächtig, daß er die Handlungen der Gläubigen steuerte. Er veränderte ihre Sprache, ihre Gefühle und ihr Verhalten. Jerusalem wurde hier nicht Zeuge von Trunkenheit, sondern von der unglaublichen Freude, die entsteht, wenn der Heilige Geist die Kontrolle übernimmt. Ich selbst bin schon manches Mal falsch verdächtigt worden.

Was für eine Verwandlung mit dem schüchternen Petrus geschah! Sie brachte den »Prediger« in ihm zum Vorschein, als er »seine Stimme erhob« und voller Mut zu der wachsenden Menschenmenge sprach. Aber wer, glauben Sie, gab ihm die Worte? Die mitreißende Botschaft kam vom Heiligen Geist. »Denn wir haben euch das Evangelium nicht nur mit Worten verkündet, sondern auch mit Macht und mit dem Heiligen Geist« (1 Thess 1,5). Das stimmt. Das Evangelium wird durch den Heiligen Geist gepredigt. Bedenken Sie, das Wort spricht vom Geist, der »mit ihnen wirkt«. Er ist derjenige, der die Arbeit tut.

Nun beachten Sie, was plötzlich im Buch der Apostelgeschichte geschieht. *Der Heilige Geist gibt denen, die ihn empfangen haben, unglaubliche Vollmacht.* Es ist drei Uhr nachmittags, als Petrus und Paulus zum Tempel gehen. Da »... wurde ein Mann herbeigetragen, der von Geburt an gelähmt war. Man setzte ihn täglich an das Tor des Tempels, das man die Schöne Pforte nennt; dort sollte er bei denen, die in den Tempel gingen, um Almosen betteln« (Apg 3,2).

Petrus und Johannes blickten ihn an, »... und Petrus sagte: Sieh uns an!« (Vers 4). Es ist wunderbar, einen Menschen zu sehen, der völlig dem Heiligen Geist gehört. Petrus war mit einem Mut und einer Vollmacht erfüllt, die er nie zuvor gekannt hatte, als er tief in die Seele dieses armen Mannes blickte – direkt durch seine Augen hindurch.

Der Bettler wußte, daß Petrus und Johannes kein Spielchen trieben. Ein heiliger Mut hatte von den Aposteln Besitz ergriffen. Als Petrus sagte: »Sieh uns an«, »... wandte er sich ihnen zu und erwartete, etwas von ihnen zu bekommen« (Vers 5). Dann sagte Petrus: »... Silber und Gold besitze ich nicht. Doch was ich habe, das gebe ich dir: Im Namen Jesu Christi, des Nazoräers, geh umher!« (Vers 6). »Er faßte ihn an der rechten Hand und richtete ihn auf. Sogleich kam Kraft in seine Füße und Gelenke; er sprang auf, konnte stehen und ging umher. Dann ging er mit ihnen in den Tempel, lief und sprang umher und lobte Gott« (Verse 7 – 8).

Können Sie sich vorstellen, welche Verwirrung im Tempel herrschte? Der Bettler bereitete sich selbst einen aufsehenerregenden Auftritt. Sie erkannten ihn sofort und »... waren voll Verwunderung und Staunen über das, was mit ihm geschehen war« (Vers 10).

Keine Erfahrung »von gestern«

Die Vollmacht und Autorität, die die Apostel empfingen, begann, Menschenleben an allen Punkten zu berühren. Ihr Dienst war von »... vielen Zeichen und Wundern im Volk« begleitet (Apg 5,12). Und was war das Ergebnis? »Immer mehr wurden im Glauben zum Herrn geführt, Scharen von Männern und Frauen« (Vers 14). *Die Zeichen, die dem Kommen des Heiligen Geistes folgten, führten die Menschen direkt zu Christus.* Das ist ein wichtiges Faktum, das nicht vergessen werden darf.

Was im Obergemach geschah, war kein einmaliges Ereignis, keine historisch einmalige Begebenheit. Die geisterfüllten Gläubigen bauten eine dauerhafte Beziehung mit dem Heiligen Geist auf. Sie *fuhren fort*, erfüllt zu sein. Als Petrus wegen der Heilung des Bettlers vor den Hohen Rat zitiert wurde, fragten sie: »Mit welcher Kraft oder in wessen Namen habt ihr das getan? Da sagte Petrus zu ihnen, erfüllt vom Heiligen

Geist ...« (Apg 4,7 – 8). Nicht Vergangenheit, sondern Gegenwart. »Erfüllt« beschreibt den momentanen Zustand des Apostels.

Immer und immer wieder bezieht sich die Schrift, wenn sie Nachfolger Christi als »erfüllt mit Geist« beschreibt, auf ein neues Erfüllen, nicht auf etwas, was in der Vergangenheit geschehen ist.

Petrus war im Tempel so erfüllt vom Heiligen Geist, daß er Vollmacht über seine Kritiker hatte. Furchtlos sagte er: »Ihr Führer des Volkes und ihr Ältesten! Wenn wir heute wegen einer guten Tat an einem kranken Menschen darüber vernommen werden, durch wen er geheilt worden ist, so sollt ihr alle und das ganze Volk Israel wissen: im Namen Jesu Christi, des Nazoräers, den ihr gekreuzigt habt und den Gott von den Toten auferweckt hat. Durch ihn steht dieser Mann gesund vor euch« (Apg 4,8 – 10).

Sind Sie sich dessen bewußt, daß die Kraft des Geistes Sie so erfüllen kann, daß sie absolut keine Angst mehr haben? Es ist möglich, eine solche Gemeinschaft mit ihm aufzubauen, daß Sie sogar den Führer eines Volkes ansprechen könnten, ohne sich unwohl zu fühlen. Der Geist wird Ihren Kopf erheben, Ihre Schultern verbreitern und ein unerwartetes Vertrauen und Sicherheit in Sie hineinlegen.

Als ich einmal nach Rom zum Vatikan reiste, um den Papst zu treffen, dachte ich, ich würde nervös sein. Aber das geschah nicht, weil ich so sehr von meinem Anliegen erfüllt war. Und ich spürte unter den führenden Männern im Vatikan einen Hunger nach den Dingen des Geistes.

Petrus, der Vollmächtige

Petrus stand nicht nur den Priestern im Tempel gegenüber. Er stand vor der Regierung Israels. Noch in der Nacht, bevor ihm gestattet wurde, vor den Priestern zu sprechen, wurden er und Johannes ins Gefängnis geworfen. Aber als er sprach, trafen seine Worte genau. Er sagte ihnen: »Er (Jesus) ist der Stein, der von euch Bauleuten verworfen wurde, der aber zum Eckstein geworden ist« (Apg 4,11). Er zitierte direkt aus Psalm 118,22.

War das derselbe Petrus, der wenige Wochen zuvor, am gleichen Ort zu feige war, sich gegen die Bemerkung eines Mädchens zu wehren, und seinen Meister verleugnet hatte? Nun stand er da, erfüllt mit dem Geist, in absoluter Furchtlosigkeit und wies die Mörder Jesu zurecht.

Welch eine große Veränderung der Geist in ihm bewirkte!

Die Gemeinschaft mit dem Heiligen Geist war so stark, daß Petrus Hananias herausforderte. Er sagte: »Hananias, warum hat der Satan dein Herz erfüllt, daß du den Heiligen Geist belügst?« (Apg 5,3). Petrus Worte und Gottes Handeln waren so kraftvoll, daß »über alle, die es hörten, große Furcht kam« (Vers 5).

Seine Nähe zu uns

Ich kann Ihnen aus persönlicher Erfahrung berichten, daß es zu einem Punkt kommt, wo die Gemeinschaft des Geistes so real wird, so tief und so großartig, daß sich Ihr Reden und Handeln *seinem* Reden und Handeln anpassen wird. Wenn Sie zum Beispiel wissen, daß er betrübt worden ist, können Sie mutig für ihn Partei ergreifen in der Gewißheit, daß er genau in diesem Moment durch Sie fließt. Sie werden ihm so nah sein, daß Sie tatsächlich spüren, wie er auf das, was Sie sagen, reagiert.

Ich glaube, es kommt der Tag, an dem Männer und Frauen Gottes dem Geist Gottes so nah sein werden, daß wir noch viel mehr als Heilungen und Wunder erleben werden. Wir werden erleben, wie der Geist die zerstreut, die es wagen, gegen ihn zu kämpfen.

Vergessen Sie nie Hananias. Er »... stürzte zu Boden und starb« (Apg 5,5). Und vergessen Sie nie Gehasi. Er log Elisa an wegen der Gaben, die Naaman gebracht hatte. Naaman wurde geheilt, aber der Geist führte Elisa dahin zu sagen: »Der Aussatz Naamans aber soll für immer an dir und deinen Nachkommen haften« (2 Kön 5,27). Und genau das geschah.

Jesus machte eine sehr kraftvolle Aussage, als er sagte: »Wie mich der Vater gesandt hat, so sende ich euch! Nachdem er das gesagt hatte, hauchte er sie an und sprach zu ihnen: Empfangt den Heiligen Geist! Wem ihr die Sünden vergebt, dem sind sie vergeben; wem ihr die Vergebung verweigert, dem ist sie verweigert« (Joh 20,21 – 23). Das muß für die Jünger ein ernüchternder Gedanke gewesen sein, den sie auf jeden Fall sehr ernst nehmen mußten.

Das Antlitz eines Engels

Petrus war dem Geist so nah, daß er seinen Anklägern sagte: »Zeugen dieser Ereignisse sind wir und der Heilige Geist, den Gott allen verliehen hat, die ihm gehorchen« (Apg 5,32).

Als Stephanus vor den Hohen Rat zitiert wurde, hatte der Heilige Geist in solchem Maß Besitz von ihm ergriffen, daß folgendes geschah: »Und als alle, die im Hohen Rat saßen, auf ihn blickten, erschien ihnen sein Gesicht wie das Gesicht eines Engels« (Apg 6,15). Und die Worte, die er sprach! »Ihr Halsstarrigen, ihr, die ihr euch mit Herz und Ohr immerzu dem Heiligen Geist widersetzt, eure Väter schon und nun auch ihr« (Apg 7,51). Warum sagte er das? Weil er erfüllt war: »Er aber, erfüllt vom Heiligen Geist, blickte zum Himmel empor, sah die Herrlichkeit Gottes und Jesus zur Rechten Gottes stehen« (Vers 55).

Die Gegenwart des Geistes wurde so mächtig im Leben von Stephanus, daß er fähig war, nach oben zu schauen und Gottes Herrlichkeit zu sehen. Er nahm sogar die Gefühle und Merkmale des Geistes an, als er gesteinigt wurde. Stephanus sagte:

»Herr, rechne ihnen diese Sünde nicht an!« (Apg 7,60). Können Sie sich so eine Reaktion vorstellen? Er sagte nicht zu Gott: »Richte sie. Töte sie. Bringe sie um.« Der Heilige Geist machte den Unterschied.

Ich bin überzeugt, daß es in Ihrer Beziehung zum Heiligen Geist einen Punkt gibt, an dem die Salbung sich so schwer auf Sie legt – seine Gegenwart Ihnen so nah ist –, daß Sie aufschauen und eine Vision von Gott sehen können. So real kann er werden.

Bei seiner dramatischen Bekehrung erfuhr Saulus aus erster Hand die gewaltige Macht des Heiligen Geistes. Auf seinem Weg nach Damaskus – er war mit Morddrohungen gegen die Nachfolger Christi beschäftigt – umstrahlte ihn plötzlich ein Licht vom Himmel. »Er stürzte zu Boden und hörte, wie eine Stimme zu ihm sagte: Saul, Saul, warum verfolgst du mich?« (Apg 9,3 – 4).

Er war schockiert und erschüttert. »Wer bist du, Herr? Dieser sagte: Ich bin Jesus, den du verfolgst. Steh auf und geh in die Stadt; dort wird dir gesagt werden, was du tun sollst« (Apg 9,5 – 6). Die Männer, die mit Saul unterwegs waren, waren sprachlos vor Erstaunen. Saul war durch dieses Erlebnis drei Tage lang blind, bevor Gott ihn heilte und er mit dem Heiligen Geist erfüllt wurde (Vers 17).

Wieder hielt der Geist einen gewaltigen Einzug im Leben eines Menschen. Er verwandelte den Feind Saulus in Paulus, den Apostel. Und das hatte Auswirkungen auf das ganze Land. Die Kirche in Judäa, Galiläa und Samarien »... hatte nun Frieden; sie wurde gefestigt und lebte in der Furcht vor dem Herrn. Und sie wuchs durch die Hilfe des Heiligen Geistes« (Apg 9,31).

Ich kann mir nicht ausmalen, was geschehen würde, wenn jeder Prediger im Land vor Gott niederfallen und sich nach einer persönlichen Beziehung zum Heiligen Geist ausstrecken würde. Dann kann man wirklich von Erweckung sprechen! Ich glaube, es würde die kirchliche Welt so sehr revolutionieren, daß die Kirchenräume auch nicht ansatzweise die Menschen unterbringen könnten, die zum Gottesdienst kämen.

Dank sei Gott für die Pastoren, die im Geist »lebendig« sind. Aber ich habe auch einige Prediger gehört, die, ehrlich gesagt, besser als Leichenbestatter arbeiten sollten! Eine fortdauernde Gemeinschaft mit dem Geist macht den entscheidenden Unterschied. Menschen hungern nach einer Realität, die nur der Heilige Geist möglich macht.

Er hört nie auf zu wirken

Vom Moment des Pfingsten an hat der Geist sein Werk auf der Erde begonnen, und er hat nie damit aufgehört. Nie! Es ist unglaublich, wie er in das Leben des Petrus eingegriffen hat. Als er auf dem Dach saß und im Gebet war, schenkte ihm Gott eine Vision, und »… sagte der Geist zu ihm: Da sind zwei Männer und suchen dich. Steh auf, geh hinunter, und zieh ohne Bedenken mit ihnen; denn ich habe sie geschickt« (Apg 10,19 – 20).

Die drei Männer, von denen der Geist zu ihm gesprochen hatte, waren von einem gottesfürchtigen Mann namens Kornelius geschickt worden, einem Hauptmann im italienischen Regiment. Auch er hatte eine Vision: »Er sah um die neunte Tagesstunde in einer Vision deutlich, wie ein Engel Gottes bei ihm eintrat und zu ihm sagte … Schick jetzt einige Männer nach Joppe, und laß einen gewissen Simon herbeiholen, der den Beinamen Petrus hat« (Apg 10,3.5). Aber es war nicht der Engel, der sprach. Es war der Heilige Geist, der *durch* den Engel sprach. Erinnern Sie sich? Der »Geist sagte … ich habe sie geschickt« (Verse 19 – 20).

Der Heilige Geist ist eine aktive Person. Er hört nie auf zu handeln. Er schickt Ihnen sogar einen Engel, wenn es nötig ist. Was auch auf Erden geschieht, es ist vom *Geist* gewirkt. Er ist der Vertreter des Vaters und des Sohnes.

Im Haus von Kornelius predigte Petrus den Tod, die Beerdigung und die Auferstehung Christi. Und: »Noch während Petrus dies sagte, kam der Heilige Geist auf alle herab, die das Wort hörten« (Apg 10,44). Die Gläubigen, die mit ihm gekommen waren, »... konnten es nicht fassen, daß auch auf die Heiden die Gabe des Heiligen Geistes ausgegossen wurde. Denn sie hörten sie in Zungen reden und Gott preisen« (Verse 45 – 46). Vergessen Sie nie: *Zuerst kommt das Wort.* Die Botschaft von Christus hat Vorrang. Das Evangelium ist die Grundlage für alles, was Gott der Heilige Geist tun soll.

Der Geist sorgt sich um unser Leben – sogar um Ihre Zukunft. Er möchte Sie führen, schützen, sogar vor dem, was vor Ihnen liegt, warnen. Sie fragen: »Kann der Heilige Geist über zukünftige Dinge prophezeien?« Schauen Sie sich an, was geschah, als Barnabas in die große Stadt Antiochia ging. Über eine halbe Million Menschen lebten damals dort. Ein ganzes Jahr lang lehrten Barnabas und Saulus die vielen Menschen in der wachsenden Kirche.

»In jenen Tagen kamen von Jerusalem Propheten nach Antiochia hinab. Einer von ihnen namens Agabas trat auf und weissagte durch den Geist, eine große Hungersnot werde über die ganze Erde kommen. Sie brach dann unter Klaudius aus. Man beschloß, jeder von den Jüngern solle nach seinem Vermögen den Brüdern in Judäa etwas zur Unterstützung senden«
(Apg 11,27 – 29).

So nah war der Heilige Geist ihrem täglichen Leben. Er offenbarte eine aufkommende Hungersnot und ermöglichte es ihnen so, sich darauf vorzubereiten. Der Geist ist eine *Person*, und er ist tief besorgt um *Menschen*. Er weiß, was in Ihrem Leben geschieht, und er kümmert sich sehr um Sie.

Der Geist und der Zauberer

Ist es nicht an der Zeit, daß Sie dem Geist erlauben, Ihre Schritte zu ordnen? Warum sollen wir versuchen, unseren eigenen Weg zu planen, wenn er doch jeden Zentimeter des Weges kennt, der vor uns liegt, jede gefährliche Biegung, jedes Schlagloch. Das lernten die Christen in Antiochia. »Als sie zu Ehren des Herrn Gottesdienst feierten und fasteten, sprach der Heilige Geist: Wählt mir Barnabas und Saulus zu dem Werk aus, zu dem ich sie mir berufen habe« (Apg 13,2). Sie reagierten sofort: »Vom Heiligen Geist ausgesandt, zogen sie nach Seleuzia hinab und segelten von da nach Zypern« (Vers 4).

Die Jünger taten das Werk des Vaters, aber wer sandte sie? Sie empfingen direkte Anweisungen vom Geist. Und während ihrer Reise wirkte der Heilige Geist immer weiter. Er gab ihnen sogar Vollmacht über einen falschen Propheten.

Elymas war ein jüdischer Zauberer und Magier. Er versuchte, das, was Gottes Macht in Zypern wirkte, zu stoppen. Aber »... Saulus, der auch Paulus heißt, blickte ihn, vom Heiligen Geist erfüllt, an und sagte: Du elender und gerissener Betrüger, du Sohn des Teufels, du Feind aller Gerechtigkeit, willst du nicht endlich aufhören, die geraden Wege des Herrn zu durchkreuzen?« (Apg 13,9 – 10).

Was für eine Anklage! Der Geist war so stark auf Paulus, daß er dem Zauberer sagte, er würde blind werden. Und er wurde blind. Aber als direkte Folge begannen Menschen, sich Christus zuzuwenden: »Das Wort des Herrn aber verbreitete sich in der ganzen Gegend ... Und die Jünger waren voll Freude und erfüllt vom Heiligen Geist« (Apg 13,49. 52).

Sie fragen: »Soll ich dem Heiligen Geist erlauben, *alle* Entscheidungen zu treffen? Hat mir Gott denn nicht einen eigenen Verstand gegeben?« Natürlich hat er das. Aber was Ihnen sinnvoll erscheint, sollte auch dem Geist sinnvoll erscheinen. Die Gemeinde in Jerusalem schrieb: »Denn der Heilige Geist und wir haben beschlossen, ...« (Apg 15,28). Wenn es richtig ist, wird es vom Heiligen Geist bestätigt werden, und Sie werden wissen, welche Richtung Sie einschlagen sollen.

Die Botschaft und der Botschafter

Wenn der Geist für Christus so notwendig war, sollte er genauso wichtig für Sie sein. Jesus war vom Geist geboren, vom Geist gesalbt, er trieb durch den Geist Dämonen aus, empfing seine Fülle durch den Geist und vollbrachte Wunder durch den Geist. Und es war der Heilige Geist, durch den er lehrte, Befehle gab, die Gemeinde bevollmächtigte und über sie herrschte, sich selbst am Kreuz dahingab und auferweckt wurde.

»Wieviel mehr wird das Blut Christi, der sich selbst kraft ewigen Geistes Gott als makelloses Opfer dargebracht hat, unser Gewissen von toten Werken reinigen, damit wir dem lebendigen Gott dienen« (Hebr 9,14). Derselbe Geist, der für das Wirken Christi auf Erden unerläßlich war, ist für Sie notwendig. Er ist unverzichtbar.

Ihre Erlösungserfahrung basiert auf Christus, dem Kreuz und Ihrem Bekenntnis.

Aber wie empfingen Sie die *Realität* Ihrer Erneuerung und Erlösung? Woher *wußten* Sie, daß Ihr Herz gereinigt worden war? Dies, mein Freund, ist das Werk des Heiligen Geistes. Es ist der Geist Gottes, der diese Botschaft in Ihr Herz schreibt. Sie können keine passenden Worte finden, um dies zu beschreiben oder zu erklären, aber Sie wissen, daß es soviel Gültigkeit hat wie das Leben selbst.

Wenn diese Realität so stark, so tief und so persönlich ist, wie real ist dann der, der sie uns vermittelt? Das ist eine bedeutende Frage. Wie real muß der Botschafter sein, wenn die Botschaft so real ist?

Der Heilige Geist sehnt sich nach einer täglichen, dauerhaften persönlichen Beziehung mit Ihnen. Er möchte eintreten in Ihr Leben – *auf mächtige Weise*.

Raum für den Geist

Über Generationen hinweg sind Menschen dahin geführt worden zu glauben, daß der Geist ein »Es« sei. Durch viele tausend Stimmen, Millionen geschriebener Worte und eine den christlichen Glauben durchdringende Einstellung sind wir darauf programmiert, den Heiligen Geist als ein *Etwas* anstatt als einen *Jemand* anzusehen.

Kürzlich hörte ich ein Lied mit den Worten: »Gib mir mehr von dir!« Und ich dachte: »Warum, das ist nicht biblisch.« Man kann gar nicht ein Teil von ihm nehmen. Er ist eine Person. Man kann ihn nicht zerteilen, einen Arm in dieser Woche, ein Bein in der nächsten. Es kann nicht heißen: »Gib mir mehr von dir.« Genau das Gegenteil gilt. Sie sollten zum Geist rufen: »Bitte, nimm mehr von *mir*.« Er liefert sich Ihnen nicht aus. Nein! Sie liefern sich ihm aus.

Ein Platz für ihn

Ohne Zweifel ist die am meisten übersehene Botschaft in der Kirche heute, daß der *Heilige Geist real ist und wir ihm Raum geben müssen.*

Traurig, nicht wahr? Tausende von Verkündigern des Evangeliums verstehen das Wirken des Heiligen Geistes auf der Erde nicht. Ich fürchte, auch sie sind falsch programmiert. Vom Kindergottesdienst bis zum Theologiestudium wurden sie gelehrt, daß der Geist ein minderwertiger Teil der Gottheit sei, der an Pfingsten kam und seitdem in den Wolken umherschwebt. Viele vermeiden es sogar, seinen Namen zu erwähnen, damit die Leute sie nicht mit manchen verrückten Charismatikern in einen Topf werfen.

Gott beabsichtigte, daß seine Gemeinde leben und lebendig sein sollte. Kurz bevor er zum Himmel zurückkehrte, sagte Jesus die unvergeßlichen Worte: »Und durch die, die zum Glauben gekommen sind, werden folgende Zeichen geschehen ...« (Mk 16,17). Die vielleicht verwirrendste Frage für mich als Prediger ist die folgende: *Wenn der Heilige Geist gesandt wurde, um den Christen die Kraft zu geben, ein siegreiches Leben zu führen, warum sind dann so viele Gläubige die Verlierer?*

Als ich Evangelist war, ging ich in eine Kirche, führte einen Einsatz durch, betete für die Nöte der Menschen und kehrte nach Hause zurück. Ich wußte wirklich nicht, was im täglichen Leben der Menschen vor sich ging. Aber nun, da ich Pastor bin, hat sich mein Blickwinkel völlig verändert. Und ich bin besorgt über das, was ich sehe.

Jetzt wird mir bewußt, daß unzählig mehr Menschen große Probleme haben, als ich es je für möglich gehalten hatte. Daß so viele Gläubige entmutigt, niedergeschlagen und am Rande des geistlichen Bankrotts sind, ist fast unvorstellbar. Wiederholt sehe ich, wie sich kleine Probleme in das Leben der Menschen hineinschleichen und sich plötzlich zu Goliaths oder Mount Everests entwickeln.

»Vater Gott«, frage ich, »wo ist der Sieg? Wo ist die Freude?«

Gerade letzte Woche erlebte meine Gemeinde am Sonntagabend eine mächtige Ausgießung des Heiligen Geistes. Während ich zu den Menschen sprach, spürte ich eine ungewöhnliche Salbung. Auf dem Heimweg rief ich: »Halleluja!« Ich sagte zu meiner Frau Suzanne: »Was für ein schöner Gottesdienst! Ist es nicht wunderbar, was Gott tut?« Aber gerade als ich durch die Haustür trat, klingelte das Telefon. Und in den folgenden dreißig Minuten hörte ich die herzzerreißende Geschichte eines Mannes, der im Gottesdienst gewesen war. Er

weinte und weinte, als er mir sagte: »Ich weiß einfach nicht, an wen ich mich wenden soll.«
Und das ist kein Einzelfall.

Wer hat die Kraft?

Was stimmt hier nicht? Warum hatte die Urgemeinde soviel Vollmacht und wir haben so wenig davon? Mit einem einzigen Wort trieben sie Dämonen aus – und wir scheinen so ängstlich und besorgt zu sein. Man erwähne nur Dämonen, und Christen ergreifen blitzartig die Flucht. Viele Pastoren sind noch nicht einmal bereit, darüber zu sprechen, so als ob man sie austreiben könnte, indem man sie ignoriert.

Es ist schwer zu verstehen. Anstatt den Menschen zu predigen, daß sie frei sein können, hüllen sich viele Prediger in ein Schweigen, das viele Menschen in Gefangenschaft bleiben läßt. Anstatt den Worten Jesu zu gehorchen: »Sie werden Dämonen austreiben« (Mk 16,17), erzählen sie ihren Gemeindemitgliedern, daß das, was tatsächlich geschieht, gar nicht existiert – es bestehe nur in ihren Köpfen. Und die Menschen murmeln: »Herr, ich finde keine Antwort. Ich finde keine Hilfe!«

Ist es da ein Wunder, daß so manche Sektenführer mehr Macht haben als einige Christen? Muß es uns überraschen, wenn Satansjünger mehr übernatürliche Dinge demonstrieren als viele Jünger Jesu? Wie ist das möglich? Wenn Gott allmächtig ist und Satan nur einen so geringen Anteil an Macht hat, wie kann ein Jünger Satans mit irgendeiner Autorität handeln?

Es ist wirklich ganz einfach. Eine Person, die hundert Prozent eines winzigen Bruchteils benutzt, hat mehr Macht als jemand, der die Kraft des Universums zur Verfügung hat, aber es noch nicht einmal versucht. Ich bin zutiefst besorgt, wenn ich mir vorstelle, daß ein Sünder mehr von Satan empfängt als ein Gläubiger, der nichts von Gottes Kraft erbittet, empfangen kann.

Es ist an der Zeit, daß Sie die Kraft des Allmächtigen nutzen. Sie müssen wissen, daß Gott größer ist als jeder Dämon und daß ein einziges Wort Jesu den Teufel zerstört. Ein einziger seiner Engel kann Satan in der Hölle festhalten (Offb 20,1 – 3). Gott ist nicht schwach, – aber sein Volk ist es.

Hier ist die einzige Schlußfolgerung, zu der ich letztendlich gekommen bin: *Der Grund dafür, daß die Gemeinden und so viele Menschen in ihnen so viele Niederlagen erleben, liegt darin, daß sie die mächtigste Person im Universum ignoriert haben – den Heiligen Geist.* Noch einmal: »Nicht durch Macht, nicht durch Kraft, allein durch meinen Geist! – spricht der Herr der Heere« (Sach 4,6). Und die folgenden Worte sind genauso begeisternd: »Wer bist du, großer Berg? Vor Serubbabel wirst du zur Ebene« (Vers 7a).

Sie brauchen mehr als ein Raupenfahrzeug, um den Berg an Steinen, der vor ihnen steht, beiseite zu räumen. Es ist ein riesiger Berg von Aussichtslosigkeit und Angst. Und der Aushub, den Sie brauchen, ist nur durch die kraftspendende Macht des Heiligen Geistes möglich.

Echtheit oder Fälschung

Durch sein ganzes Wort hindurch gibt Gott Anweisungen, um das Joch der Knechtschaft zu brechen. Er weiß genau, was nötig ist, um Ihre schweren Lasten wegzunehmen. Es heißt *Salbung*.

»An jenem Tag fällt Assurs Last von deiner Schulter,
 sein Joch wird von deinem Nacken genommen«
(Jes 10,27).

Genauso wie Gott Israels Last wegtat, wird er auch Ihr Joch zerbrechen. Satan ist derjenige, der Ihnen hinterhältig dieses schwere Joch aufgebürdet hat. Aber Jesus, der verhieß, daß alle

Knechtschaft zerstört werden würde, sagte: »Mein Joch ist sanft, und meine Last ist leicht« (Mt 11,30).

Das sich immer enger um Sie schließende Joch kann durch den Heiligen Geist zerbrochen werden. Aber nicht nur momentan. Es geht nicht um eine vorübergehende Lösung. Er bleibt bei Ihnen, fährt fort, Ihre Last von Ihnen zu nehmen und Sie auf einem ganz neuen Weg voranzuführen. Der Apostel Johannes sagte über den Geist: »Für euch aber gilt: Die Salbung, die ihr von ihm empfangen habt, bleibt in euch, und ihr braucht euch von niemand belehren zu lassen« (1 Joh 2,27).

Man braucht keinen akademischen Abschluß, um zu erkennen, wer eine Salbung hat und wer nicht. Sogar ein nicht wiedergeborener Sünder, der Sonntag morgens zwischen den Fernsehgottesdiensten hin- und herschaltet, erkennt, wenn der Heilige Geist Menschen anrührt. Er erkennt es, weil es so selten ist – rar wie ein Diamant.

Es gibt nichts Tragischeres als Menschen, die keine Salbung haben, aber versuchen, sie zu produzieren. Sie versuchen, sie zu erzwingen, aber die Anrührung Gottes ist einfach nicht da. Wie oft haben Sie schon lange Reisen unternommen, um einen bekannten Redner oder Bibellehrer zu hören, und mußten dann erfahren, daß die betreffende Person einfach eine leere Schale ist, daß sich in ihrem Inneren nichts weiter als Wissen befindet. Voller Fakten und Informationen, aber absolut leblos handeln sie, ihre Worte sind einfach tot.

Ich werde nie vergessen, was bei einer Konferenz an der Westküste geschah, an der ich teilnahm. In einer Nachmittagsveranstaltung wurde ein Mann vorgestellt, der singen sollte. Mit kraftvoller, gut ausgebildeter Stimme sang er das Lied *Der König kommt!* Allen gefiel es, und sie gaben ihm einen großen Applaus, als er geendet hatte.

Ich weiß nicht, wie es geschah, aber im Abendgottesdienst sang eine Frau genau dasselbe Lied. Ehrlich gesagt sah sie nicht wie eine Sängerin aus, ihre Stimme klang ein bißchen näselnd, und einige der Töne waren nicht ganz richtig. Aber sie hatte etwas anderes, was diese Unzulänglichkeiten tausendfach wettmachte. Als sie das zweite Mal den Refrain sang, standen die Leute auf. Ihre Hände waren gen Himmel erhoben. Die Kraft in der Halle war elektrisierend. Und sie wich nicht, als die Frau ihr Lied beendet hatte. Wir priesen Gott immer wieder. Dann begannen wir zu applaudieren – unglaublich lang. Aber wir lobten damit nicht die Sängerin, sondern den Geber des Liedes.

Was machte den Unterschied? Mein Freund, *es war die Salbung!* Es war die Kraft des Geistes im Leben dieser Frau.

Während meines Dienstes in Kanada gehörten wir zu einer der Gruppen, die eine Veranstaltungsreihe mit Billy Graham unterstützten. Die Vorbereitungen für die Treffen waren bestens organisiert. Und die Gottesdienste selbst waren zäh im Vergleich zu dem, was ich gewohnt war. Aber als Graham anfing zu reden, lag eine unwiderlegbare Anrührung des Geistes auf seiner Botschaft. Der Inhalt war Christus, aber ich wußte, daß ich mich in der Gegenwart eines Mannes befand, den eine tiefe persönliche Gemeinschaft mit dem Heiligen Geist verband.

Überwältigende Worte an die Menschen in der Synagoge

Seit ihrer Erschaffung waren Menschen von der Salbung fasziniert. Über Salbung wurde gestaunt, sie manifestierte sich, und manchmal wurde sie sogar verunglimpft. Aber die wahre Salbung war immer – und wird es immer bleiben – von Gott dem Heiligen Geist gewirkt.

Zu welchem Zweck ist sie da? Damit Sie die Botschaft mit Vollmacht verkünden können.

»Der Geist Gottes, des Herrn, ruht auf mir; denn der Herr hat mich gesalbt. Er hat mich gesandt, damit ich den Armen eine frohe Botschaft bringe und alle heile, deren Herz zerbrochen ist, damit ich den Gefangenen die Entlassung verkünde und den Gefesselten die Befreiung, damit ich ein Gnadenjahr des Herrn ausrufe, ...«

(Jes 61,1 – 2).

Das sind aber nicht nur Worte eines Propheten im Alten Testament. Jesus zitierte sie vor einem sprachlosen Publikum in der Synagoge von Nazareth (Lk 4,18 – 19).

Sie dürfen nie vergessen: Um den Heiligen Geist zu verstehen, müssen Sie wissen, daß er Gott ist. Diese Beschreibung mag fremd für Sie klingen, aber sie ist so grundlegend wie das Wort Gottes selbst. Er war die Kraft der Schöpfung. Erinnern Sie sich an die Worte im Buch Ijob? »Gottes Geist hat mich erschaffen, der Atem des Allmächtigen mir das Leben gegeben« (Ijob 33,4).

Während Gott der Vater im Himmel auf dem Thron der Herrlichkeit saß und sagte: »Laßt uns Menschen machen«, tat der Heilige Geist sein Werk auf Erden. Sogar der zweite Vers sagt aus, daß bei der Erschaffung der Welt »der Geist über dem Wasser schwebte« (Gen 1,2). Und der Psalmist schrieb über die Kreaturen auf der Erde: »Sendest du deinen Geist aus, so werden sie alle erschaffen, und du erneuerst das Antlitz der Erde« (Ps 104,30).

Geistliches Wachstum

Wenn Sie möchten, daß die Salbung des Geistes in Ihrem Leben sichtbar wird, müssen Sie beginnen zu verstehen, wer er ist, wie er wirkt und wie Sie in Gemeinschaft mit ihm treten können. Der Heilige Geist wurde nicht nur gesandt, damit Sie sich wohl fühlen. Auch das wird er natürlich bewirken, aber er hat noch vieles mehr. Er ist gleichwertiger Teil der Gottheit und verdient unsere Anbetung genauso wie Gott der Vater und Gott der Sohn. Aber das ist nur der Anfang. Ihr geistliches

Wachstum ist ähnlich wie das eines riesigen Eichenbaumes. Es muß gut ernährt und gepflegt werden.

Was muß ich als nächstes tun?

Kürzlich sagte mir ein Mann: »Benny, ich möchte Ihnen danken, daß Sie mich im Jahr 1978 mit dem Heiligen Geist bekannt gemacht haben.«

Ich sagte: »Das ist großartig. Erzählen Sie mir, was seitdem geschehen ist.«

Sein Gesichtsausdruck wurde leer, und er sagte: »Nun, eigentlich nichts. Ich erinnere mich nur daran, wie es war, als ich ihm begegnete.«

»Warum, meinen Sie, ist nichts geschehen?« fragte ich.

Seine Antwort werde ich nie vergessen: »Ich glaube, ich wußte einfach nicht, was ich tun sollte.«

Vielleicht habe ich erwartet, daß jede Person, die den Heiligen Geist kennenlernt, genauso reagiert wie ich. Ich schloß mich förmlich mit dem Wort Gottes und dem Geist ein und sog alles, was er zu bieten hatte, in mich auf wie ein Schwamm. Es brauchte Zeit und Hunderte von Stunden in Gemeinschaft mit dem Heiligen Geist.

Mir ist bewußt, daß es für viele Menschen nahezu unmöglich ist, die Zeit zu finden, um so intensiv in der Heiligen Schrift zu forschen. Aber nur durch das Lesen der Bibel bekommen Sie auf wirkungsvolle Weise das, was der Heilige Geist mir in Jahren beibrachte. Es gibt eine Sache, die ich nicht für Sie tun kann. Ich kann nicht mit einem geistlichen Pinsel über Ihrem Kopf wedeln und eine Salbung auf Sie zaubern. Das geschieht nur durch eine persönliche, tiefe, vertraute Begegnung mit dem Geist. Und sie geht weiter und wächst durch eine Gemeinschaft und Einheit, die nur Sie selbst aufbauen können.

Ihr Wachstum im Geist wird in dem Moment beginnen, in dem Sie sehen, daß der Geist Gottes wirklich Gott ist. Ich kann das nicht oft genug wiederholen, denn seit Ihrer Kindheit ist Ihre Psyche von dem gedanklichen Bild einer schwachen Persönlichkeit geprägt. Ich kann mich noch an ein Buch erinnern, in dem es heißt: »Der Heilige Geist ist ein Diener des Leibes Christi.« Das ist die Art von Irrtum, von der ich spreche. Er ist kein Diener, sondern er ist zuständig, verantwortlich und der *Führer* des Leibes Christi.

Lassen Sie mich noch eine weitere Erfahrung weitergeben. Der Heilige Geist ist nicht nur Gott; er ist auch der Vater unseres Herrn Jesus Christus. Bevor Sie sagen: »Jetzt aber halt«, möchte ich Sie auf sein Wort hinweisen.

Sie sagen: »Ich dachte, Gott der Vater sei der Vater von Jesus.« Nun, da haben Sie recht, aber gleichzeitig auch unrecht. Lassen Sie mich erklären, warum. Im ersten Kapitel der Evangelien wird uns berichtet, daß der Heilige Geist der Vater unseres Herrn ist. »Mit der Geburt Jesu Christi war es so: Maria, seine Mutter, war mit Josef verlobt; noch bevor sie zusammengekommen waren, zeigte sich, daß sie ein Kind erwartete – durch das Wirken des Heiligen Geistes« (Mt 1,18).

Auch Maria war besorgt. Sie sagte zu dem Engel: »Wie soll das geschehen, da ich keinen Mann erkenne?« Und der Engel antwortete und sprach zu ihr: »Der Heilige Geist wird über dich kommen, und die Kraft des Höchsten wird dich überschatten. Deshalb wird das Kind heilig und Sohn Gottes genannt werden« (Lk 1,34 – 35). Da sehen Sie es. Er wird der Sohn Gottes genannt, aber es war der Heilige Geist, der auf die Mutter Christi kam. Das zeigt die Nähe der Dreieinigkeit – ein Kind von Gott dem Vater und ein Kind von Gott dem Geist in einem.

Der Heilige Geist gab Jesus sogar seine Eigenschaften. Jesaja schrieb über das Kommen Christi:

»Doch aus dem Baumstumpf Isais wächst ein Reis hervor, ein junger Trieb aus seinen Wurzeln bringt Frucht.
Der Geist des Herrn läßt sich nieder auf ihm:

der Geist der Weisheit und der Einsicht,
der Geist des Rates und der Stärke,
der Geist der Erkenntnis und Gottesfurcht«
(Jes 11,1 – 2).

Wer ist der Vater?

Jesus Christus ist ein Kind des Geistes. Und genauso wie menschliche Eltern ihr kleines Kind lieben, so liebte der Heilige Geist den Herrn Jesus. Haben Sie schon einmal einen stolzen Vater gesehen, der sein neugeborenes Kind in den Armen hält, es an sich drückt und liebt? Ich glaube, wir vergessen, daß der Heilige Geist auch Gefühle hat. Er liebt, was er geschaffen hat; deshalb möchte er auch *Sie* in seine Arme schließen.

Können Sie Gott den Vater im Himmel sehen, wie er zum Geist sagt: »Nimm meinen Sohn und mach ihn Fleisch«? Das war das Wunder aller Wunder. Der Heilige Geist nahm diese Saat und pflanzte sie in Marias Leib. Aber er war nicht nur der Vater unseres Herrn, er war auch derjenige, der ihn salbte.

Stellen Sie sich, wenn Sie wollen, vor, wie Gott der Vater auf seinem Thron im Himmel sitzt und Jesus auf der Erde die Kranken heilt und Wunder vollbringt. Und was ist mit dem Heiligen Geist? Er ist der Kanal, der Kontakt zwischen den beiden Persönlichkeiten. Nun hebt der Vater den Hörer ab (als ob er überhaupt einen bräuchte ...) und sagt: »Heiliger Geist?«

»Ja, Sir«, sagt der Geist, während er den Hörer abhebt.

Gott sagt: »Ich möchte, daß du Jesus in die Wüste führst, weil ich den Teufel zu ihm schicken werde, um ihn zu prüfen.«

Der Geist sagt: »Ja, Sir«, und eilt zu Christus. »Jesus, komm mit mir«, sagt er.

Sehen Sie, wie der Heilige Geist den Kontakt zwischen den beiden Persönlichkeiten herstellt?

Oder stellen Sie sich folgendes vor. Jesus geht an einem schwerkranken Mann vorbei. Wieder greift der Vater zum Hörer und sagt: »Heiliger Geist? Halt Jesus an! Sag ihm, daß er da anhalten soll, wo er gerade ist.«

Der Geist sagt: »Okay. Jesus, bleib hier stehen.«

Er spricht ins Telefon und sagt: »Vater, was soll Jesus tun?«

»Ich möchte, daß Jesus diesen Mann heilt«, sagt die Stimme Gottes.

Jesus legt sofort seine Hände auf den Mann, die Kraft des Geistes fließt durch ihn, und der Mann wird auf wunderbare Weise geheilt.

Und jetzt kommt, was Sie sich unbedingt merken müssen – und wenn Sie dies verstehen, wird sich der Schleier vor Ihren Augen über *die Rolle des Heiligen Geistes* heben: Auf der Erde war Jesus ganz Mensch. Er hatte kein »Offenbarungswissen« ohne die Stimme des Geistes, und er konnte den Willen des Vaters ohne den Heiligen Geist nicht tun.

Haben Sie sich jemals gefragt, warum einige, an denen Jesus vorüberging, nicht geheilt wurden? Warum betete er nicht für sie? Warum streckte er seine Hand nicht nach ihnen aus und rührte sie an? Das liegt daran, daß der Vater dem Heiligen Geist nicht auftrug, Jesus zu sagen, er solle es tun. Christus sagte: »... aber die Welt soll erkennen, daß ich den Vater liebe und so handle, wie es mir der Vater aufgetragen hat« (Joh 14,31). Jesus war abhängig vom Geist. Der Geist war der »direkte Draht« zwischen Jesus und dem Vater.

War Christus fähig zu sündigen?

Noch bevor Christus nach Golgatha ging, brachte er sich dem Vater durch den Heiligen Geist dar. Im Hebräerbrief, wo das Blut Christi mit den Tieropfern verglichen wird, heißt es: »... wieviel mehr wird das Blut Christi, der sich selbst kraft ewigen Geistes Gottes als makelloses Opfer dargebracht hat, unser Gewissen von toten Werken reinigen, damit wir dem lebendigen Gott dienen« (Hebr 9,14).

Hätte er sich nicht durch den Heiligen Geist dargebracht, wäre er in den Augen Gottes des Vaters nicht angenommen worden. Auch hätte er nicht die Leiden am Kreuz getragen. Hätte er sich nicht durch den Heiligen Geist dargebracht, wäre sein Blut nicht rein und makellos geblieben.

Und lassen Sie mich dies hinzufügen: Wäre der Heilige Geist nicht bei Jesus gewesen, dann ist es wahrscheinlich, daß er gesündigt hätte. Das stimmt. Der Heilige Geist war die Kraft, die ihn rein erhielt. Er war nicht nur vom Himmel gesandt, sondern er wurde der Menschensohn genannt – und als solcher war er auch der Sünde fähig. Die Tatsache, daß er nicht *sündigte*, bedeutet nicht notwendigerweise, daß er nicht sündigen *konnte*.

Wenn Sie glauben, daß Jesus nicht fähig war zu sündigen, warum hätte dann der Teufel seine Zeit verschwenden sollen, um ihn zu versuchen? Der Teufel wußte, was er tat. Ohne den Heiligen Geist hätte Jesus es auch nie geschafft.

Jesus brachte sich selbst dem Heiligen Geist dar, um sündlos zu bleiben. Er war sogar abhängig vom Heiligen Geist, der ihn aus dem Griff des Todes aus dem Grab befreite. Erinnern Sie sich, was Paulus sagte: Christus war »… dem Geist der Heiligkeit nach eingesetzt als Sohn Gottes in Macht seit der Auferstehung von den Toten« (Röm 1,4).

Durch die Kraft des Geistes wurde Christus von den Toten auferweckt. In der Schrift heißt es: »Wenn aber der Geist dessen in euch wohnt, der Jesus von den Toten auferweckt hat, dann wird er, der Christus Jesus von den Toten auferweckt hat, auch euren sterblichen Leib lebendig machen, durch seinen Geist, der in euch wohnt« (Röm 8,11). Der Geist weckte nicht nur Christus auf; er ist derjenige, der auch Sie auferwecken wird! Wir können unsere Hoffnung auf ihn setzen.

Der göttliche Gesamtplan

Auch nachdem Christus durch seine Auferstehung von den Toten den Lauf der Geschichte in eine andere Richtung gelenkt hatte, war er weiter abhängig vom Geist. Er befahl seinen Jüngern, in Jerusalem zu bleiben, bis sie mit Kraft aus der Höhe ausgestattet würden. Er sagte ihnen: »Geht nicht weg von Jerusalem, sondern wartet auf die Verheißung des Vaters, die ihr von mir vernommen habt. Johannes hat mit Wasser getauft, ihr aber werdet schon in wenigen Tagen mit dem Heiligen Geist getauft« (Apg 1,4 – 5).

Christus unterstand Gottes Herrschaft, als er diese Worte sprach. Er wiederholte, was der Vater dem Heiligen Geist sagte.

Christus war in solchem Maß vom Geist abhängig, daß er sich an ihn wandte, bevor er seinen Nachfolgern Anweisungen gab. In der Schrift heißt es, daß er in den Himmel aufgenommen wurde, nachdem »... er durch den Heiligen Geist den Aposteln, die er sich erwählt hatte, Anweisungen gegeben« hatte (Apg 1,2).

Mißverstehen Sie mich nicht! Ich sage in keinster Weise, daß Christus eine geringere Stellung einnahm als der Geist. Ganz und gar nicht. Jesus ist nicht niedriger als der Heilige Geist, noch ist der Heilige Geist niedriger als Jesus. In der Dreieinigkeit herrscht absolute Gleichheit. Jedes Mitglied hat einzigartige Ziele, Funktionen und Eigenschaften.

Was ich Ihnen vermitteln möchte, ist, daß der Geist nicht schwach ist. Er ist nicht unreif oder unfähig, für sich selbst zu sprechen. Der Heilige Geist ist vollkommen, mächtig und herrlich.

Der Geist verdient unsere Anbetung. Wir sollten das, wovon wir schon seit Generationen gesungen haben, in die Praxis umsetzen: »Preist Gott, von dem aller Segen fließt ... preist Vater, Sohn und Heiligen Geist!«

Wie erkennen Sie ihn? So einfach wie die leise Stimme, die Sie hören, wenn Sie am Einschlafen sind, die Stimme, die Sie daran erinnert: »Du hast heute nicht gebetet.« Oder vielleicht sagt er: »Du hast heute noch nicht im Wort gelesen.« Das ist der Geist, der spricht, der an Ihrer Seele zupft. Sie kennen ihn bereits, aber er sehnt sich danach, daß Sie ihn noch besser kennenlernen.

Der Herr sagte voraus, was geschehen würde, wenn Sie dem Heiligen Geist Raum geben. Er sagte: »Wer an mich glaubt, ... aus seinem Inneren werden Ströme von lebendigem Wasser fließen« (Joh 7,38). Und was für eine Salbung war es, von der er sprach? »Damit meinte er den Geist, den alle empfangen sollten, die an ihn glauben« (Vers 39).

Gott hat einen detaillierten Plan für Ihr Leben. Seine Salbung und sein Geist sind in diesem Plan enthalten: »Gott aber, der uns und euch in der Treue zu Christus festigt und der uns alle gesalbt hat, er ist es auch, der uns sein Siegel aufgedrückt hat und als ersten Anteil (am verheißenen Heil) den Geist in unser Herz gegeben hat« (2 Kor 1,21 – 22).

Haben Sie dem Heiligen Geist einen Platz eingeräumt? *Das einzige, was er möchte, ist ein Platz in Ihrem Herzen.*

»Nur einen Atemzug entfernt«

»Warum beantwortet Gott mein Gebet nicht?«
»Warum empfange ich keine Befreiung und Heilung?«
Die Antwort auf Ihre dringendsten Nöte ist nah – viel näher, als Sie denken. Nur ein Wort, von Herzen gesprochen, kann bewirken, daß sich die dunkelsten Wolken über Ihrem Leben auflösen. Wir müssen aufhören zu meinen, daß Gott ein unnahbarer Geist sei, der irgendwo Millionen von Kilometern entfernt von uns ist. Der Vater ist so nah, daß Sie jederzeit mit ihm sprechen können, und sein Geist ist so nah, daß er Ihnen Trost, Frieden und Wegweisung geben kann. Alles, was Sie tun müssen, ist, darum zu bitten und zu vertrauen, daß er handeln wird.

Was ich über den Heiligen Geist entdeckt habe, ist kein geheimnisumwobenes Mysterium. Es ist so real wie das Leben selbst und so nah wie Ihr Herzschlag. Und deshalb will ich es Ihnen mitteilen.

Das Werk der Gottheit

»Schwachheit?« oder »Wille?«

Beginnen wir mit dieser Tatsache über die Gottheit: Was für einen Teil gilt, muß nicht unbedingt auf alle drei Personen der Gottheit zutreffen. An manchen Stellen unterscheiden sie sich, sogar in der Art, wie sie handeln und wie sie reden. Wir haben bereits festgestellt, daß die Mitglieder der Gottheit unterschiedliche, bestimmte Personen sind – und doch sind sie eins. Aber wenn es um unsere persönliche Beziehung und Kommunikation mit »Gott« geht, ist ein Verständnis von Vater, Sohn, und Geist absolut wichtig.

Immer wenn Sie Gott handeln sehen, sehen Sie ihn als *einen* Gott. Aber Sie beginnen, einige Verschiedenheiten festzustellen, was die Art ihres Handelns und Denkens angeht.

Als zum Beispiel das jüdische Volk unter dem Alten Bund willentlich und wissend in der Gegenwart des Vaters sündigte, erinnern Sie sich, was geschah? Die Schrift berichtet, daß sie entweder umgebracht oder bestraft wurden.

Aber Christus, der Sohn, behandelte Menschen, die willentlich und bewußt sündigten, anders. Ein Beispiel: Denken Sie an die Pharisäer. Hat Christus sie getötet? Nein! Er *wies sie zurecht.*

Sie sagen: »Benny, ich habe immer geglaubt, daß Christus jedem vergeben hat?« Die Schrift berichtet nicht, ob Jesus den Pharisäern ihre Sünden vergab. Aber er vergab dem Verbrecher am Kreuz, als jener aus ganzem Herzen rief: »Ich bin ein Sünder!«

Verstehen Sie dies nicht falsch. Gott der Vater hat vergeben, aber er tötete oder bestrafte auch jene, die sich gegen ihn auflehnten. Gott der Sohn jedoch reagierte auf andere Weise. Anstatt den Sünder zu töten oder zu bestrafen, wies er ihn lediglich zurecht.

Sie fragen: »Aber was ist mit dem Heiligen Geist? Wie reagiert er auf eine Person, die wissentlich und freiwillig sündigt?« Er reagiert wieder anders als Vater und Sohn. Der Geist straft oder tadelt nicht – *er überführt sie* und zieht die Kraft seiner Gegenwart zurück.

Wohin soll ich schauen?

Wie wir sehen, besteht die Dreieinigkeit aus drei unterschiedlichen und einzigartigen Personen. Aber Sie müssen auch ihre Einheit verstehen – ihr Einssein. Es ist wichtig, daß Sie erkennen, daß die allumfassende Einheit, von der wir hier sprechen, in Verbindung mit dem Handeln und Wesen der Gottheit steht.

Das Wort macht klar, daß es in der Gottheit Unterschiede in bezug auf die Ausführung ihres Wirkens gibt – und doch sind sie eins. Paulus erklärte es der Gemeinde in Korinth folgendermaßen: »Es gibt verschiedene Dienste, aber nur den einen Herrn. Es gibt verschiedene Kräfte, die wirken, aber nur den einen Gott: Er bewirkt alles in allem« (1 Kor 12,5 – 6). Und wenn er schreibt: »Jedem aber wird die Offenbarung des Geistes geschenkt, damit sie anderen nützt« (Vers 7).

Paulus entfaltete das Wirken der Gottheit. Er erklärte, daß der Herr Jesus der Ausführende ist, der Vater der Schaffende und der Heilige Geist der Kundgebende ist. An dieser betreffenden und ganz wenigen anderen Stellen in der Bibel wird Jesus vor dem Vater genannt.

Aber »ordnen« wir sie wieder wie üblich in der Schrift. Was ist das vorrangige Werk des Vaters? Er ist der Schöpfer. Und der Sohn? Er *führt* das Wirken des Vaters *aus*. Und der Heilige Geist *offenbart* die Ausführung dieses Wirkens.

Wenn Sie Leben brauchen, wo wenden Sie sich hin? Sie gehen zum Vater, denn er ist der Geber aller guten und vollkommenen Gaben. Sie sagen: »Benny, ich dachte, wir schauen zu Jesus.« Nein. Die Quelle ist der Vater. Aber der *Geber* dieser Quelle ist Christus. Und die *Kraft* dieser Quelle ist der Heilige Geist.

Wenn Sie also Leben brauchen, geschieht folgendes. Sie schauen zu Gott dem Vater auf und sagen: »Vater, gib mir Leben!« Oder Heilung. Oder Befreiung. Sie sehen: Gott ist die Quelle.

Jesus sagte: »Bittet den Vater in meinem Namen.« Auch wenn Sie sich Gott durch seinen Sohn nähern, ist es immer noch der Vater, den Sie um die Gabe bitten. Und Ihre Bitte erreicht *durch* den Sohn den Vater.

Wie wird diese Gabe gegeben? Sagen wir, Ihre Bitte um Heilung. Gott der Vater – denken Sie daran, daß Gott drei Personen ist – schaut Gott den Sohn an und sagt: »Würdest du ihn bitte heilen?«

Christus bringt die Heilung. Warum? Weil das zur Rolle des Ausführenden gehört. Schon das Wort *ausführen* bedeutet *dienen*. Also gibt der Vater die Heilung an den Sohn, und der Sohn dient Ihnen damit.

Können Sie sich vorstellen, wie Sie sich ausstrecken, um Heilung zu empfangen, und feststellen müssen, daß sie irgendwie unerreichbar ist? Sie strecken Ihre Arme aus, so weit Sie können, aber die Gabe ist nicht in Ihrer Reichweite. So nah und doch so fern. Was ist geschehen? Was fehlt?

An dieser Stelle kommt das Wirken des Heiligen Geistes auf den Plan. Er stellt sich vor, die Heilung zu offenbaren, die vom Vater gegeben und von seinem Sohn dargeboten wird. *Es ist der Heilige Geist, der den Prozeß Ihrer Heilung vollendet.*

Er steht Ihnen zur Seite

Es begann an Pfingsten. Der Heilige Geist fuhr vom Himmel herab, um das Wort der Gottheit kundzutun. Und wo genau ist der Geist heute? Wo wohnt er? Der Geist steht nicht neben Jesus, wie viele gutmeinende Menschen glauben. Und er steht auch nicht an der Seite des Vaters. Er wurde Ihnen und mir als *der Tröster* oder als »der, der Ihnen zur Seite steht«, gegeben.

Der Heilige Geist ist Ihr Helfer. Ja, er ist Ihr Assistent, der Ihnen hilft, Leben, Heilung oder Befreiung, die Sie so dringend brauchen, zu empfangen.

Oft fragt jemand: »Benny, zu wem soll ich beten?«

Meine Antwort ist: »Bitte bringe die Dinge nicht durcheinander. Du betest zum Vater.«

»Nun, denn«, sagt der Fragende. »Du hast gesagt, ich soll zum Geist sprechen.«

Dann muß ich ihm sagen: »Es besteht ein großer Unterschied zwischen Reden und Beten. Ich habe noch nie zum Heiligen Geist gebetet.«

Wissen Sie, was das Wort *Gebet* bedeutet? Gebet bedeutet »Bitten«. Anders gesagt: Sie kommen mit Ihrer Not und erwarten eine Antwort. Sie kommen suchend und erwarten zu empfangen. Sie schauen nie zum Geist – er ist derjenige, der Ihnen beim Schauen *hilft*.

Bis zum heutigen Tag habe ich nie gesagt: »Heiliger Geist, gib mir.« Aber ich habe unzählige Male gesagt: »Lieber Heiliger Geist, hilf mir zu bitten.«

Beginnen Sie zu verstehen, daß Ihre Antwort nur einen Atemzug weit entfernt liegt? Nur ein Wort, das darauf wartet, ausgesprochen zu werden. Es mag ein körperliches Problem sein, das Sie schon seit Jahren gequält hat. Oder es kann eine Gewohnheit sein, die Sie anscheinend unmöglich ablegen können. Die Antwort, die Sie brauchen, ist zum Greifen nah.

Ist es nicht Zeit, sich an den Geist Gottes zu wenden und zu sagen: »Heiliger Geist, du bist mein Helfer. Ich brauche dich. Willst du mir jetzt helfen?« In der Sekunde, in der Sie von Herzen diese Worte sagen, wird der Heilige Geist seine Hand auf Sie legen, und etwas Wunderbares wird geschehen. Plötzlich werden Sie sich buchstäblich »im Geist« befinden – völlig hineingenommen in seine Gegenwart und seine Person.

Drei kleine Worte

Wenn der Vater Ihnen etwas gibt, kommt es *vom* Vater. Und wenn der Sohn Ihnen etwas gibt, wird es normalerweise als etwas beschrieben, das *durch* Jesus kommt. Aber wenn der Heilige Geist etwas gibt, wird es *in* ihm gegeben. Von, durch, in – nur drei kleine Worte, aber sie sind mächtig und kraftvoll.

Wenn Sie Gottes Wort lesen, wird Ihnen dieses Muster auffallen. Wenn vom Vater die Rede ist, kommen Ausdrücke wie »die Liebe Gottes«, »die Macht Gottes«, »die Gnade Gottes« vor. So wird Gott immer und immer wieder dargestellt.

Aber wie wird Christus beschrieben? In der Schrift heißt es oft, daß wir »durch den Sohn preisen«, »durch den Sohn empfangen«, und so weiter.

Wenn es um den Heiligen Geist geht, ändert sich der Sprachgebrauch jedoch. Das Wort *in* wird benutzt: »Wandelt im Geist, so werdet ihr die Lüste des Fleisches nicht vollbringen« (Gal 5,16). Und: »Wenn wir im Geist leben, so laßt uns auch im Geist wandeln« (Vers 25).

Christus sagte zu der samaritischen Frau am Brunnen: »Aber die Stunde kommt, und sie ist schon da, zu der die wahren Beter den Vater anbeten werden im Geist und in der Wahrheit; denn so will der Vater angebetet werden« (Joh 4,23). Hier bedeutet das Wort *in* lediglich »eins mit«. Anders gesagt: Christus sagte, daß der Vater möchte, daß die, die anbeten, eins mit dem Geist sind.

Sind Sie einig mit dem Geist? Leben Sie einig mit dem Geist? Diese Qualität von Beziehung zu erreichen, ist nicht schwierig. Sie müssen einfach zu dem großen Helfer sagen: »Hilf mir!« Dann wird der Geist Gottes Sie anrühren und Ihnen helfen, wenn Sie sich nach dem ausstrecken, was Gott Ihnen geben will.

Wichtig bei all dem ist, daß Sie sich dessen bewußt sind, daß die Dreieinigkeit zusammenarbeitet, um dieses eine Ziel zu erreichen – Ihren Nöten zu begegnen. Sie sind Vater, Sohn und Heiliger Geist, aber sie sind eins. Sie sind ein Team von Personen, vereint in einer Natur, sie arbeiten in vollkommener Übereinstimmung und ewiger Harmonie zusammen.

Eine »Bundesbeziehung«

Weil der Heilige Geist hier auf der Erde und an Ihrer Seite ist, können Sie die Heilung oder Befreiung, die Sie empfangen haben, auch *behalten*. Deshalb konnte Jesus zum Himmel zurückkehren, während Sie doch die Gabe behalten können, die er gegeben hat. Wenn Sie wissen möchten, wie Sie eine enge Beziehung mit dem Heiligen Geist aufrechterhalten können, hören Sie auf die Worte des großen Propheten Haggai: »Der Bund, den ich bei eurem Auszug aus Ägypten mit euch geschlossen habe, bleibt bestehen, und mein Geist bleibt in eurer Mitte. Fürchtet euch nicht!« (Hag 2,5).

Wenn Sie den Sohn Gottes bitten, in Ihr Herz zu kommen, schließen Sie einen persönlichen Bund mit Gott. Und hier geht es nicht um eine einseitige Unterhaltung. Auch Gott schließt einen »Bund« mit Ihnen. So hat er immer gehandelt.

Der Vater hat Bünde mit Adam, Noah, Abraham, Isaak, David und vielen anderen geschlossen. Aber genauso wie Gott versucht hat, in solche Vereinbarungen einzutreten, so hat die Menschheit versucht, sich Gott zu nähern. Das entdecken wir bei Jakob, Josua, Elia und den Israeliten.

Als die Israeliten Gott ihre Sünden bekannten, sagten sie:

> »Und jetzt, unser Gott, du großer starker, furchtgebietender Gott, der den Bund hält und uns seine Gnade bewahrt ... Darum sind wir in großer Not«
> (Neh 9,32.37).

Dann sagte Nehemia zu Gott:

> »Wegen all dem schließen wir nun einen Vertrag und schreiben ihn nieder. Auf der gesiegelten Urkunde stehen die Namen unserer Obersten, Leviten und Priester«
> (Neh 10,1).

Vierundachtzig führende Leute unterschrieben diesen Vertrag mit dem Inhalt: »Sie verpflichten sich unter Eid und Schwur, das Gesetz Gottes zu befolgen ...« (10,30).

Ein Bund mit Gott wurde durch eine Vielzahl von Handlungen ratifiziert – einmal durch Stehen (Esra 10,14), einen Schuh verlieren (Rut 4,7 – 11), ein Festmahl geben (Gen 26,30), den Bau eines Denkmals (Gen 31,45 – 53) und das Leisten eines Schwurs (Jos 2,12 – 14).

Der wohl wichtigste Bund ist der, den Gott durch seinen Sohn mit Ihnen geschlossen hat, als er Jesus »... von den Toten heraufgeführt hat durch das Blut eines ewigen Bundes« (Hebr 13,20).

Ein Wort der Warnung!

Aber so wie Gott mit uns Menschen einen Bund der Erlösung geschlossen hat, können auch Sie ein Versprechen, mehr noch, ein Gelübde, bei Gott ablegen, das sich auf Ihre persönlichen Nöte bezieht.

Ich habe Gott einige Versprechen gegeben, und ich glaube, daß Gott die Aufrichtigkeit eines solchen Versprechens anerkennt, wenn Sie bewußt sagen, was Sie bereit sind zu tun, als Antwort auf seinen Segen.

Eine Tatsache ist offensichtlich: das Alte Testament ist voll von Bünden, die Gott gefielen. Und warum ist das wichtig für Sie? Weil Gott durch und mit Bünden arbeitet, und weil Sie mit ihm in einen Bund eintreten können für alle Ihre Nöte. Sie werden erfahren, daß der Vater mehr als bereit ist, zu seinem Wort zu stehen.

Ich bin zu der Überzeugung gekommen, daß der Heilige Geist in Ihr Leben kommt als Folge des ewigen Bundes Ihrer Erlösung, den Gott mit Ihnen geschlossen hat. Von diesem Moment an ist der Heilige Geist auch Ihr Botschafter, der von Gott und Christus kommt. Und diese Vereinbarung sollte ernst genommen werden. Bedenken Sie, was mit Simson geschah. Nachdem Delila seinen Kopf kahlrasiert hatte, während er schlief, rief sie: »Simson, die Philister kommen! Er erwachte aus seinem Schlaf und dachte: Ich werde auch diesmal wie bisher entkommen und die Fesseln abschütteln. Denn er wußte nicht, daß der Herr ihn verlassen hatte« (Ri 16,20). Es war der

»Geist des Herrn«, der ihn verlassen hatte, nachdem er »über ihn« gekommen war (Ri 15,14).

Können Sie sich vorstellen, in dieser Position zu sein? Sie denken, Sie seien erfüllt, aber Sie sind es nicht. Simson war sich überhaupt nicht bewußt, daß er seiner Berufung und seinem Bund mit Gott untreu geworden war. Er glaubte, er hätte immer noch Kraft, aber der Geist war aus seinem Leben gewichen.

Das gleiche geschah mit Saul. Der Herr verwarf Saul als König, denn »... er hat sich von mir abgewandt und hat meine Befehle nicht ausgeführt«. Und nicht nur der Geist verließ ihn – etwas viel Schlimmeres geschah: »Der Geist des Herrn war von Saul gewichen, jetzt quälte ihn ein böser Geist, der vom Herrn kam« (1 Sam 16,14).

Die Leere wird aufgefüllt

Wissen Sie, daß jeder Ungläubige stark von Dämonen beeinflußt ist? Das klingt schockierend, aber so steht es in der Schrift: »Ihr wart tot infolge eurer Verfehlungen und Sünden. Ihr wart einst darin gefangen, wie es der Art dieser Welt entspricht, unter der Herrschaft jenes Geistes, der im Bereich der Lüfte regiert und jetzt noch in den Ungehorsamen wirksam ist« (Eph 2,1 – 2).

Sie sagen: »Aber mir könnte das nie passieren! Ich bin mit dem Heiligen Geist erfüllt.« Das mag stimmen, aber wenn die Gegenwart des Geistes Sie aus irgendeinem Grund verläßt, entsteht ein Vakuum, und genau danach hält Satan Ausschau. Dann verwandelt sich sein *Einfluß* in *Unterdrückung*.

Niemand spricht gern über Dämonen. Prediger predigen nicht über sie. Christen diskutieren nicht über sie. Und Sünder streichen dieses schreckliche Thema aus ihren Gedanken. Es ist wie bei einem Politiker, der Themen wie Drogen und Kriminalität meidet, in der Hoffnung, daß sie sich schon irgendwie erledigen werden. Aber Christus sprach dieses Thema ohne

Furcht an. Er sprach darüber, wie eifrig bemüht die Dämonen sind, in Ihr Leben einzudringen.

Jesus sagte zu den Pharisäern: »Ein unreiner Geist, der einen Menschen verlassen hat, wandert durch die Wüste und sucht einen Ort, wo er bleiben kann. Wenn er aber keinen findet, dann sagt er: Ich will in mein Haus zurückkehren, das ich verlassen habe. Und wenn er es bei seiner Rückkehr leer antrifft, sauber und geschmückt, dann geht er und holt sieben andere Geister, die noch schlimmer sind als er selbst. Sie ziehen dort ein und lassen sich nieder« (Mt 12,43 – 45). Achten Sie genau darauf, was Jesus dann sagt: »So wird es mit diesem Menschen am Ende schlimmer werden als vorher« (Vers 45).

Satans Angriffsplan ist folgender: Jeder Dämon, der einen Menschen verlassen hat, wird nochmals einen Besuch abstatten – um zu sehen, ob er noch Gelegenheit hat zurückzukehren. Und wenn er eine Chance bekommt, wird er andere mitbringen. Das ist eine furchterregende Situation, aber Sie können ihr aus dem Weg gehen, indem Sie vollständig mit dem Heiligen Geist erfüllt bleiben und nie Ihren Bund mit Gott brechen.

Erinnern Sie sich an die Geschichte der Jünger, denen es nicht gelang, ein kleines Kind zu heilen? Das war, während Jesus auf dem Berg der Verklärung verherrlicht wurde. Und als der Meister vom Berg herunterkam, sagte der Vater des Jungen: »Herr, hab Erbarmen mit meinem Sohn! Er ist mondsüchtig und hat schwer zu leiden. Immer wieder fällt er ins Feuer oder ins Wasser. Ich habe ihn schon zu deinen Jüngern gebracht, aber sie konnten ihn nicht heilen« (Mt 17,15 – 16). Aber hier war mehr als körperliche Heilung nötig. Christus sagte: »Bringt ihn her zu mir! Dann drohte Jesus dem Dämon. Der Dämon verließ den Jungen, und der Junge war von diesem Augenblick an geheilt« (Verse 17 – 18).

Der Herr will nicht nur Satan und seine Dämonen aus Ihrem Leben entfernen – jene Dinge, die Ihrer Heilung und Befreiung im Wege stehen –, sondern er will auch die Leere füllen. Deshalb hat er den Tröster geschickt. Er will, daß Sie mit dem Heiligen Geist *erfüllt* sind.

Der Heilige Geist ist in diesem Moment auf der Erde. Er wartet geduldig auf Ihre Einladung.

Nur ein Wort ist nötig, nur ein Flüstern – »Heiliger Geist, bitte hilf mir!«

Ihre Antwort ist nur einen Atemzug weit entfernt.

»Warum weinst du?«

»Benny, kann Blasphemie gegen den Vater vergeben werden?« fragte mich kürzlich ein junger Christ.
»Ja«, war meine Antwort.
»Und wenn man den Sohn lästert?«
»Das kann auch vergeben werden«, sagte ich.
»Und warum kann dann das Lästern gegen den Heiligen Geist nicht vergeben werden?«

Befreit von Angst

Für viele Leute ist dies ein unangenehmes Thema. Aber der Heilige Geist hat mich von der Angst davor befreit, die »Sünde, die nicht vergeben werden kann«, zu begehen. Er hat mein Verständnis durch eine Offenbarung so sehr befreit, daß ich mir um diesen Punkt keine Sorgen mehr zu machen brauche.

»Er weinte leise«

Im Winter 1974 öffnete mir Gott die Augen für eine fantastische Wahrheit über das Wesen des Heiligen Geistes und die Gründe, warum der Vater und der Sohn die »letzte« Warnung gegen jene aussprachen, die den Geist lästern wollten.

Ich befand mich im Gebet, als ich plötzlich sicher war, daß der Geist Gottes in meinem Zimmer war, und ich spürte, daß er weinte. Ich weiß, es klingt seltsam, und ich muß gestehen, daß ich es nicht ganz begreife. Aber ich erinnere mich, daß ich auf den Knien lag, als ich seine Gegenwart spürte und merkte, daß er leise weinte.

Sie sagen: »Nun, woher wußten Sie, daß es der Geist war?« Wenn ich die Realität dieses Momentes in Frage stellen würde, hieße das, daß ich meine Erlösung in Frage stellen müßte; so real war das Erlebnis. Ich kann es zwar nicht erklären oder ganz verstehen, aber ich weiß, daß es geschah.

Die Erfahrung war so wirklich, daß ich buchstäblich meinen Kopf nach links wandte und sagte: »Geist Gottes, warum weinst du?«

Dann begann plötzlich mein ganzes Wesen aufzuschreien. Es waren nicht mehr nur Tränen; die Realität dessen, was ich spürte, war so überwältigend, daß ich anfing zu klagen. Das Gefühl kam ganz tief aus meinem Inneren. Es war, als wäre mein Herz zerbrochen – wie bei einem Menschen, der gerade seinen Sohn oder seine Tochter verloren hat.

Das tiefe Schluchzen hörte nicht auf. Ich weinte die Nacht hindurch und konnte nicht schlafen. Und es ging weiter, nicht für Stunden, sondern für Tage. Es war nicht geplant, und ich konnte, ehrlich gesagt, nicht verstehen, warum mir so unkontrollierbar die Tränen kamen. Diese Erfahrung hielt insgesamt über drei Wochen an.

Die Last wurde immer schwerer. Ich fühlte, als hätte mir jemand eine zehn Zentner schwere Last auf meinem Rücken festgebunden, zugegürtet, mit einem Schloß versehen und in dem Kampf, mich zu befreien, allein gelassen. Es war, als wäre ich mit einer bedrückenden, schweren Last von Trauer beladen. Nur so kann ich es beschreiben – ein riesiges Gewicht der Trauer.

Am Boden zerstört

Ich fühlte mich wie der Psalmist, als er schrieb:

»Ich bin erschöpft vom Seufzen,
 jede Nacht benetzen Ströme von Tränen mein Bett,
 ich überschwemme mein Lager mit Tränen«

(Ps 6,7).

Da war ich nun, ich trauerte, ohne zu wissen, warum, am Boden zerstört und versuchte, den Grund dafür herauszufinden. Ich schaute auf und sagte: »Warum, Herr?« Ich betete, um von dieser unerklärlichen Last auf meinen Schultern befreit zu werden. In diesem Moment verwandelte der allmächtige Gott die schwere Trauer in eine Last für verlorene Menschen, wie ich es noch nie erlebt hatte.

Es begann damit, daß ich den Heiligen Geist fragte: »Warum weinst du?«, und endete damit, daß ich eine Last für die Verlorenen bekam, die mein Leben verändert hat und mich bis auf den heutigen Tag nicht verlassen hat.

Nach diesem Erlebnis (das ich immer noch nicht vollständig verstehe) bin ich zu der Überzeugung gekommen, daß der Heilige Geist um diese Welt trauert. Ich bin völlig überzeugt davon, daß er mit Tränen in den Augen nach Dienern sucht, die Gottes Liebe weitergeben. Ich glaube, daß das Vaterherz Gottes zerbrochen ist über die Nöte der Menschen. Vielleicht hat er mir in jenen Wochen erlaubt, einen winzigen Einblick in seinen Schmerz für die verlorenen Menschen zu gewinnen.

Über die Zukunft von Benny Hinn gab es keine Zweifel mehr. Ich wußte, ich *muß* die Botschaft des Vaters, des Sohnes und des Heiligen Geistes predigen. Und damit habe ich seitdem nicht aufgehört.

Der Geist ist so besonders, daß er, wenn er eine Person findet, die er gebrauchen kann, sie seinen Herzschlag spüren läßt. Wenn Sie den Schmerz empfunden haben, den der Heilige Geist empfindet, dann bleibt es immer in Ihrem Bewußtsein. Sie werden nicht nur die Nöte der Menschheit sehen; Sie werden diese verzweifelten Nöte *spüren* wie nie zuvor.

Aber ich glaube, es gab noch einen anderen Grund, aus dem Gott mich diese Lektion lehrte. Es öffnete meine Augen dafür, warum der Heilige Geist zur Trinität gehört und sich doch vom Vater und vom Sohn unterscheidet. Und er machte es mir möglich, die Teile des Puzzles zusammenzusetzen, die als »die Sünde, die nicht vergeben werden kann«, bezeichnet werden.

Beleidigung und Verleumdung

Was sagt die Schrift genau?

Jesus sagte zu den Pharisäern: »Wer nicht für mich ist, ist gegen mich; wer nicht mit mir sammelt, der zerstreut. Darum sage ich euch: Jede Sünde und Lästerung wird den Menschen vergeben werden, aber die Lästerung gegen den Geist wird nicht vergeben« (Mt 12,30 – 31). Dann sagte er es noch deutlicher: »Auch dem, der etwas gegen den Menschensohn sagt, wird vergeben werden; wer aber etwas gegen den Heiligen Geist sagt, dem wird nicht vergeben, weder in dieser noch in der zukünftigen Welt« (Vers 32).

Was umfaßt das Wort *Blasphemie*? Es hat verschiedene Bedeutungen, u.a.:

– schlecht reden über jemanden
– über jemanden herziehen
– verunglimpfen, mißbrauchen, tadeln
– diffamieren – ungerecht über jemanden sprechen
– verleumden – fälschlich anklagen
– beleidigen

Einige mögen fragen: »Wie diffamiert man den Heiligen Geist?« oder »Wie beleidigt man ihn?« Es dreht sich hier um eine *willentliche* Handlung.

Das Buch der Hebräer sagt etwas direkt zu diesem Thema:

»Denn wenn wir vorsätzlich sündigen, nachdem wir die Erkenntnis der Wahrheit empfangen haben, gibt es für diese Sünden kein Opfer mehr, sondern nur die Erwartung des furchtbaren Gerichts und ein wütendes Feuer, das die Gegner verzehren wird. Wer das Gesetz des Mose verwirft, muß ohne Erbarmen auf die Aussage von zwei oder drei Zeugen hin sterben«

(Hebr 10,26 – 29).

Diesen Worten folgt die strenge Ermahnung: »Wir kennen doch den, der gesagt hat: Mein ist die Rache, ich werde vergelten, und ferner: Der Herr wird sein Volk richten. Es ist furchtbar, in die Hände des lebendigen Gottes zu fallen« (Verse 30 – 31).

Was für ein Unterschied

Warum gibt es keine Vergebung für die Blasphemie gegen den Heiligen Geist? Durch dieses ganze Buch hindurch habe ich Ihnen von der Schrift her mitgeteilt, daß es eine Einzigartigkeit – einen *Unterschied* – beim Heiligen Geist gibt. Er ist nicht höher oder niedriger als der Vater und der Sohn, aber wir müssen seine Wesensmerkmale kennen.

Der allmächtige Gott, der Vater, ist der große Gott des Himmels und muß angebetet, gelobt, verherrlicht, gerühmt und erhoben werden. Jesus, sein Sohn, ist der Herr der Herrlichkeit, den anzusehen sich sogar die Engel fürchten. Ich glaube auch, daß der Heilige Geist menschliche Gefühle empfinden kann – sogar Schmerz, Trauer, Leid – mit einer Intensität, die nur er kennt.

Sie sagen: »Meinen Sie, daß der Heilige Geist Kummer anders empfindet als der Vater und der Sohn?« Die Schrift sagt nicht: »Betrübt nicht den Vater oder den Sohn.« Es heißt immer: »Betrübt nicht den Geist.« Warum? Ich glaube, das liegt darin, weil er auf eine tiefgehende Weise berührt wird, die sich irgendwie von den anderen Gliedern der Gottheit unterscheidet.

Schon allein die Tatsache, daß Jesus sagte, daß ein Wort gegen den Menschensohn vergeben werden würde, aber ein Wort gegen den Heiligen Geist nicht, zeigt an, daß der Heilige Geist verletzbar ist.

Warum sollte der Vater sagen: »Ihr habt meinen Geist beleidigt?« In anderen Worten bedeutet das: Gottes Geist wurde angegriffen oder gequält. Und die Schrift berichtet: »Da wandelte er sich und wurde ihr Feind, ja, er führte Krieg gegen sie« (Jes 63,10). Wie kommt es, daß der Heilige Geist so geschützt zu sein scheint? Vielleicht, weil Gott der Vater weiß, wie sensibel und zart der Geist ist. Es ist fast so, als würde Gott der Vater sagen: »Wenn ihr ihm etwas antut, werde ich euch nie verzeihen.«

Warum nimmt Christus den Heiligen Geist so in Schutz mit den Worten: »Wer aber den Heiligen Geist lästert, der findet in Ewigkeit keine Vergebung, sondern seine Sünde wird ewig an ihm haften« (Mk 3,29)? Warum? Wiederum liegt es daran, daß der Heilige Geist anders ist und sein Herz so leicht verletzbar ist.

Aber darf ich Ihnen etwas Tröstliches sagen? Bevor Jesus überhaupt von Blasphemie sprach, machte er eine sehr wichtige Aussage, die Sie immer wieder lesen sollten: Er sagte: »Wer nicht für mich ist, der ist gegen mich; wer nicht mit mir sammelt, der zerstreut« (Mt 12,30).

Wenn Sie für Christus arbeiten, dann fallen Sie gar nicht unter die Kategorie Leute, denen die Warnung gilt. Als der Herr über das Thema Blasphemie sprach, machte er unmißverständlich klar, daß er die Leute meinte, die nicht mit ihm zusammen arbeiteten.

Fragen Sie sich selbst: »Bin ich mit ihm?« Wenn die Antwort Ja ist, dann fragen Sie: »Gewinne ich Seelen für ihn?« Wenn die Antwort immer noch Ja lautet, dann können Sie sagen: »Dann werde ich den Heiligen Geist nie lästern.«

»Machen Sie sich Sorgen?«

Einmal kam ein Mädchen im Teenageralter zu mir in der Überzeugung, sie hätte den Heiligen Geist gelästert.

»Machst du dir Sorgen?« fragte ich sie.

»Ja«, sagte sie mit einem sorgenvollen Gesicht.

»Junge Dame«, sagte ich, »allein die Tatsache, daß du dir Sorgen machst, bedeutet, daß du den Heiligen Geist nicht gelästert hast.«

Sehen Sie, Blasphemie ist ein vorsätzlicher Akt, bei dem kein Sorgen aufkommt.

Blasphemie verflucht Jesus und sagt: »Mir ist es völlig egal, was er getan hat!« Es bedeutet: »Wen kümmert es schon, wie wertvoll sein Blut ist?« Blasphemie ist eine Beleidigung dessen, was Gott getan hat, und zwar eine willentliche Beleidigung.

Sie sagen: »Nun, Benny, woher weiß ich, daß ich diese Sünde nie begehen werde?« Solange Sie diese Sünde nicht begehen *wollen*, werden Sie sie auch nicht begehen.

Betrachten Sie genau, was Christus sagte: Er sagte, daß jedem, der gegen den Geist »spricht«, nicht vergeben wird. Dieses Wort ist wichtig bei der Botschaft Christi. »Sprechen« bezeichnet einen freiwilligen Akt. Es ist mehr als ein schlechter Gedanke. Ihr ganzer Körper ist einbezogen, wenn Sie ein Wort äußern.

Wenn der Geist gelästert wird, wird er von jenen verunglimpft, die sich zur Blasphemie *entschieden* haben. Es ist ein Willensakt, eine Entscheidung, die in die Tat umgesetzt werden muß.

Wo kommt bei dem allen Satan ins Spiel? Von meinen Erfahrungen mit Menschen und von meiner Position als Gemeindeleiter her weiß ich, daß der Teufel zu Leuten kommt und versucht, ihren Verstand mit bösen Gedanken über den Heiligen Geist zu füllen. Würden Sie etwas anderes erwarten? Vielleicht ist Ihnen das auch schon passiert.

Ist es Ihnen schon einmal so ergangen, daß ein ungehöriger Gedanke sich einschlich, von dem Sie sich wünschen, er wäre Ihnen nie gekommen? Wer hat diesen bösen Gedanken in Ihre Richtung gesandt? Natürlich Satan. Aber haben Sie den Gedanken laut ausgesprochen? Nein! Der Grund, weshalb Sie geschwiegen haben, war, daß es nicht Ihr Gedanke war.

Nur eine Person, die gegen den Heiligen Geist spricht, hat die Entscheidung getroffen, ihn zu lästern. Es ist derjenige, der sagt: »Ich werde lästern, und es ist mir egal, was Gott dazu denkt!«

Saul lästerte den Heiligen Geist, als er das Wort Gottes verwarf. Demas, einer von Paulus' Begleitern, lästerte, als er sich vom Evangelium abwandte und zu fleischlichen Lüsten zurückkehrte. Paulus schrieb: »Demas hat mich aus Liebe zu dieser Welt verlassen und ist nach Thessalonich gegangen« (2 Tim 4,10).

Lassen Sie ihn nicht weggehen

Sie sagen: »Sie haben uns gesagt, daß wir nicht lästern können. Aber wie konnten es dann Saul und Demas tun?« Der Punkt, um den es mir geht, ist der, daß Sie nicht lästern können, solange Sie entschieden sind, für Jesus zu leben.

Der Weg zur Ewigkeit ist voll von Leuten, die mit Christus losmarschieren und bei Satan enden. Manche gehen vor zum Altar, schütteln dem Prediger die Hand in der Meinung, damit eine Art Versicherung auf einen Wohnplatz im Himmel abzuschließen. Aber ihre Herzen sind ihrem Handeln nicht gefolgt. Binnen kurzem lassen sich diese Menschen von Lust, Geld oder dem Glitter dieser Welt einfangen. Und dann sagen sie: »Das war's, Gott, ich gehe.«

Vielleicht fragen Sie sich: »Woher weiß ich, daß der Heilige Geist noch bei mir ist? Und wie werde ich wissen, wenn er mich verlassen hat?«

Hier geht es um eine Waffe, mit der Satan Sie angreift. Er füllt Ihre Gedanken mit Worten wie: »Der Heilige Geist hat dich verlassen. Er ist für immer weg. Du wirst ihn nie wiederbekommen!«

Akzeptieren Sie das nicht. An den folgenden Punkten können Sie feststellen, ob der Heilige Geist immer noch mit

Ihnen ist. Es war mir eine große Hilfe, und ich denke, das wird es auch für Sie sein.

Erstens sagt uns die Schrift, daß der Heilige Geist bei jedem Gläubigen wohnt, als Tröster und Quelle des Friedens. Zweitens: *Sind Sie sich der Gegenwart Jesu in Ihrem Leben bewußt?* Dann hat der Heilige Geist Sie nicht verlassen. *Hören Sie noch den Geist Gottes zu Ihnen sagen: »Bete!«?* Dann ist er noch da. *Fühlen Sie sich manchmal schuldig, wenn Sie es versäumt haben, in seinem Wort zu lesen?* Dann ist er nicht weggegangen; er ist es nämlich, der Sie überführt. *Sind Sie jemandem begegnet und haben ein Drängen gespürt, ihm von Jesus zu erzählen?* Dann ist er noch da.

Jesus widersprach sich nicht, als er sagte, daß der Geist immer bei uns sein würde. Er sprach von der Tatsache, daß die Aufgabe des Geistes von Dauer ist – ja, sogar ewig. Sehen Sie, wenn Sie ihn lästern, wird der Geist weggehen. Aber wenn Sie ihn betrüben, wird er Sie nicht verlassen. Er wird bleiben, auch wenn Sie ihn verletzen. Ich glaube, Christen betrüben den Heiligen Geist jeden Tag. Ich jedenfalls bin an dieser Stelle schuldig.

Es ist eine Sünde der gesamten Gemeinde, daß der Heilige Geist betrübt wird. Deshalb sagte Paulus zur Gemeinde: »Betrübt nicht den Heiligen Geist.« Diese Worte richtete er nicht an Ungläubige.

Und was ist, wenn ich versage?

Vielleicht fragen Sie: »Wie betrübe ich ihn?« Sie betrüben ihn, wenn Sie nicht vergeben. Sie betrüben ihn, wenn Sie etwas Häßliches oder Falsches sagen. Aber Ihr tägliches Gebet sollte sein: »Gepriesener Geist Gottes, bitte hilf mir heute, dich nicht zu betrüben.«

Und was geschieht, wenn Sie versagen? Er ist mehr als bereit für Ihre Worte: »Bitte vergib mir.« Und er wird Ihnen siebenmal siebzigmal vergeben und Sie reinigen.

Der Heilige Geist ist so sanft und sensibel, daß ihm auch die kleinste Wunde Schmerzen verursacht. Und je länger Sie ihn kennen, desto mehr werden Sie seine Gefühle verstehen. Wie oft habe ich mit Tränen gesagt: »Heiliger Geist, es tut mir leid, daß ich dir soviel Leid bereitet habe. Aber bitte, bitte, bleib bei mir.«

Manches Mal habe ich ihm gesagt: »Du kannst mich bestrafen, aber bitte verlaß mich nicht!« Denn wen der Herr züchtigt, den liebt er. Es ist, als würde er sagen: »Ich liebe dich.«

Ich glaube, daß, wenn eine Person in einem Stadium der Unversöhnlichkeit bleibt, der Heilige Geist es zuläßt, daß Quälgeister an ihn herankommen. Das sagte Christus zu Petrus, als der Jünger ihn fragte: »Herr, wie oft muß ich meinem Bruder vergeben, wenn er sich gegen mich versündigt? Siebenmal?« (Mt 18,21).

Jesus antwortete: »Nicht siebenmal, sondern siebenundsiebzigmal« (Vers 22). Dann erzählte er das Gleichnis vom unbarmherzigen Gläubiger, das mit der Warnung endet: »Hättest nicht auch du mit jenem, der gemeinsam mit dir in meinem Dienst steht, Erbarmen haben müssen, so wie ich mit dir Erbarmen hatte? Und in seinem Zorn übergab ihn der Herr den Folterknechten, bis er die ganze Schuld bezahlt hatte« (Verse 33 – 34).

Christus sagte am Ende des Gleichnisses: »Ebenso wird mein himmlischer Vater jeden von euch behandeln, der seinem Bruder nicht von ganzem Herzen vergibt« (Vers 35).

Bedeutet das, daß der Heilige Geist sich für immer zurückgezogen hat? Nein. Aber Gott wird seine schützende Hand von denen zurückziehen, die nicht vergeben.

Ich glaube jedoch, daß eine Person, die sich zum Glauben an Christus bekannt hat, aber nicht für Gott lebt – nicht in Vergebung lebt – von Dämonen beeinflußt werden kann. Sie kann von den Mächten der Finsternis verfolgt und sogar *belastet* werden.

Petrus sagte zum Beispiel: »Herr, du wirst nicht sterben.« Und Jesus sagte: »Weiche von mir, Satan.« Petrus war nicht von Satan besessen. Er war beeinflußt. Das ist ein großer Unterschied.

Durch den Geist sagte Jesus: »Ich werde euch nicht verlassen noch versäumen.« Und das, mein Freund, ist eine gute Nachricht. Und da er bei uns bleibt, ist es wichtiger zu wissen, was er für uns tun will, anstatt herauszufinden, was Satan gegen uns tun will.

Allein können Sie es nicht schaffen

Ich bin sicher, daß es Ihr tiefster Wunsch ist, Gott mit Geist, Seele und Leib zu lieben. Aber egal, wie Sie es sich wünschen – es ist absolut unmöglich, daß Sie Ihr Ziel aus eigener Kraft erreichen. Es ist einfach notwendig, daß Sie sagen: »Heiliger Geist, ich bitte dich, mir zu helfen.«

Paulus schrieb an die Kirche in Rom: »Die Hoffnung aber läßt nicht zugrunde gehen; denn die Liebe Gottes ist ausgegossen in unsere Herzen durch den Heiligen Geist, der uns gegeben ist« (Röm 5,5).

Sicher wollen wir Christus lieben, aber wir können es nicht, es sei denn, der Geist schenkt uns übernatürliche Liebe. Und wie können Sie diese Liebe empfangen? Sie sagen einfach: »Geist Gottes, ich liefere mich dir aus.« Durch diesen Akt wird er Ihre Seele mit einer Liebe zu Gott durchfluten.

Je tiefer Sie den Heiligen Geist kennen, desto besser werden Sie Jesus kennen. Das geschieht von selbst. Warum? Weil da, wo der Geist gegenwärtig ist, für Jesus geworben wird. Jesus sagte: »Er wird mich verherrlichen!« Der Herr wird nie beiseite gedrängt, vielmehr wird er immer näher geholt.

Paulus schrieb: »Jetzt gibt es keine Verurteilung mehr für die, welche in Christus Jesus sind« (Röm 8,1).

Verstehen Sie, was es wirklich heißt, dem Geist zu folgen? Wenn er sagt: »Bete«, dann werden Sie beten. Wenn er sagt:

»Gib Zeugnis«, dann werden Sie es tun. Plötzlich werden Sie ihm einfach folgen.

Die Freude der Freiheit im Geist

Ungehorsam zu sein bedeutet, Verdammnis und Schuld zu fühlen. Aber wenn Sie seinem Ruf folgen, werden Sie die Freude der Freiheit im Geist erleben: »Denn das Gesetz des Geistes und des Lebens in Christus Jesus hat dich frei gemacht vom Gesetz der Sünde und des Todes« (Vers 2). Der Gesetzgeber im Alten Bund war der Vater, aber der Gesetzgeber im Neuen Bund ist der Heilige Geist. Jesus gab seine Anweisungen *durch* den Geist (Apg 1,2), so wie Gott einst das Gesetz *durch* Moses gab.

Sieben Offenbarungen

Welch eine Freude ist es, sich die Siege vor Augen zu führen, die Paulus im achten Kapitel des Römerbriefes beschreibt. In den ersten sechzehn Versen schildert er sieben Offenbarungen.
 Wahrscheinlich wird nirgends sonst in der Schrift das Wirken des Heiligen Geistes so genau definiert wie hier:

1. *Er gibt Macht über die Sünde.* Die erste Offenbarung besagt, daß das Gesetz des Geistes Sie von Sünde und Tod befreit (Verse 1 – 2). Sie werden Sieg über die Sünde haben.

2. *Er wird das Gesetz erfüllen.* »Weil das Gesetz, ohnmächtig durch das Fleisch, nichts vermochte, sandte Gott seinen Sohn in der Gestalt des Fleisches, das unter der Macht der Sünde steht, zur Sühne für die Sünde, um an seinem Fleisch die Sünde zu verurteilen; dies tat er, damit die Forderung

des Gesetzes durch uns erfüllt werde, die wir nicht nach dem Fleisch, sondern nach dem Geist leben« (Verse 3 – 4). Durch die Erfüllung des mosaischen Gesetzes haben wir nun Freiheit im Geist.

3. *Er wird Ihnen den Sinn Christi geben.* »Denn alle, die vom Fleisch bestimmt sind, trachten nach dem, was dem Fleisch entspricht, alle, die vom Geist bestimmt sind, nach dem, was dem Geist entspricht. Das Trachten des Fleisches führt zum Tod, das Trachten des Geistes aber zu Leben und Frieden. Denn das Trachten des Fleisches ist Feindschaft gegen Gott; es unterwirft sich nicht dem Gesetz Gottes und kann es auch nicht. Wer vom Fleisch bestimmt ist, kann Gott nicht gefallen« (Verse 5 – 8).

4. *Er macht Sie gerecht.* »Ihr aber seid nicht vom Fleisch, sondern vom Geist bestimmt, da ja der Geist Gottes in euch wohnt. Wer den Geist Christi nicht hat, der gehört nicht zu ihm. Wenn Christus in euch ist, dann ist zwar der Leib tot aufgrund der Sünde, der Geist aber ist Leben aufgrund der Gerechtigkeit« (Verse 9 – 10).

5. *Er wird Ihren Leib lebendig machen.* »Wenn der Geist dessen in euch wohnt, der Jesus von den Toten auferweckt hat, dann wird er, der Christus Jesus von den Toten auferweckt hat, auch euren sterblichen Leib lebendig machen, durch seinen Geist, der in euch wohnt« (Vers 11).

Wenn Sie in die Fußstapfen des Heiligen Geistes treten, wird er Sie in Gesundheit hineinführen. Sie werden einen erfrischten Körper haben. So wie der Prophet Jesaja es ausdrückte: »Die aber, die dem Herrn vertrauen, schöpfen neue Kraft« (Jes 40,31). Mein Freund, ohne den Heiligen Geist können Sie keine neue Kraft schöpfen, denn er ist es, der Ihren sterblichen Leib erfrischt.

6. Er wird das Ego töten. »Wir sind also nicht dem Fleisch verpflichtet, Brüder, so daß wir nach dem Fleisch leben müßten. Wenn ihr nach dem Fleisch lebt, müßt ihr sterben; wenn ihr aber durch den Geist die (sündigen) Taten des Leibes tötet, werdet ihr leben. Denn alle, die sich vom Geist Gottes leiten lassen, sind Söhne Gottes« (Verse 12 – 14).

7. Er wird Ihnen bezeugen, daß Sie erlöst sind. »Denn ihr habt nicht einen Geist empfangen, der euch zu Sklaven macht, so daß ihr euch immer noch fürchten müßtet, sondern ihr habt den Geist empfangen, der euch zu Söhnen macht, den Geist, in dem wir rufen: Abba, Vater! So bezeugt der Geist selber unserem Geist, daß wir Kinder Gottes sind« (Verse 15 – 16).

Vers auf Vers sagt Paulus, daß es der Geist ist, der das Werk des Vaters und des Sohnes tut. Und mich begeistern jedesmal die Worte: »Denn alle, die sich vom Geist Gottes leiten lassen, sind Söhne Gottes.«

Gott beabsichtigt nicht, daß Sie von dem Weg abkommen, den er für Sie vorbereitet hat. Er hat Sie nicht geschaffen, um zuzusehen, wie Sie versagen. Deshalb sollten Sie sich keine unnötigen Sorgen darüber machen, daß Sie eventuell die Sünde begehen könnten, die nicht vergeben werden kann, das Lästern gegen den Heiligen Geist.

Ihre Liebe zu Christus überwiegt den Einfluß Satans so sehr, daß der Kampf schon gewonnen ist. Der Heilige Geist sehnt sich nach einer tiefen, persönlichen Beziehung mit Ihnen.

Als ich aus tiefster Seele mit einem nicht endenden Schluchzen nach ihm ausrief, wartete der Heilige Geist geduldig. Seine Last wurde zu meiner Last, und diese Erfahrung gab mir eine Leidenschaft für die verlorenen Menschen, die mich seither nicht verlassen hat.

Er wartete darauf, mich mit Kraft, Erfüllung, Gerechtigkeit, einem geistgeführten Leben und vielem mehr zu beschenken. Und nun wartet er auf Sie.

Der Himmel auf Erden

Meine ersten »Predigten« 1974 und Anfang 1975 waren nicht sehr inhaltsreich. Sie bestanden im wesentlichen aus meinem Zeugnis über das Wirken des Heiligen Geistes – darüber, wie er sich mir als so real erwies. In jenen Tagen wußte ich nur wenig, und ich hatte noch sehr viel zu lernen.

Der Stimme des Geistes folgen

Aber im Laufe des Jahres 1975 hörte ich den Heiligen Geist unmißverständlich sagen, daß es an der Zeit sei, wöchentlich Veranstaltungen in Toronto abzuhalten. Er sagte: »Folge mir. Höre auf meine Stimme, dann wirst du viele zu Christus führen.«

Also fing ich an. Wir planten für Montag abends eine Gottesdienstreihe, die fünf Jahre durchgeführt werden sollte. Wir begannen in der Aula einer Schule, bis die Besucherzahl so anwuchs, daß wir uns einen größeren Raum suchen mußten. Hunderte von Menschen kamen.

Die Gottesdienste waren völlig vom Geist geleitet, und ich hörte sehr genau auf sein Reden. Menschen wurden von verschiedenen Süchten befreit. Familien wurden vereint. Wir erlebten Heilungen und hörten Berichte von Wundern. Aber immer, immer fanden Menschen bei den Gottesdiensten eine persönliche Beziehung zu Jesus.

Dann passierte etwas. Menschen empfingen Wunder, Befreiungen, Heilungen, direkt da, wo sie saßen. Sie stellten sich nicht mehr an, daß man ihnen die Hände auflegte und betete.

Der Himmel auf Erden 175

Gott begann, im ganzen Saal zu wirken – so frei, daß wir keine Zeit mehr hatten, alle Zeugnisse zu hören.

Die Medien wurden aufmerksam. Auf der ersten Seite des *Toronto Star*, des *Toronto Globe and Mail* und anderer Zeitungen in ganz Kanada waren Berichte über die »Wunder-Veranstaltungen« zu lesen, die wir durchführten.

Im Dezember 1976 kam ein Reporter der Zeitung *Globe and Mail* zu einem unserer Gottesdienste, um in Einzelheiten zu berichten, was dort geschah. Er berichtete von Heilungen und Zeugnissen und beendete den Artikel mit einem Zitat von mir: »Ich habe kein Interesse, Benny Hinn aufzubauen. Und ich werde auch nie Interesse daran haben. Es geht um Jesus ... er soll erhoben werden. Wir möchten Menschen für Jesus gewinnen. Ich will Menschen, viele Menschen, ja noch mehr Menschen sehen, die Jesus kennenlernen – verstehen Sie das!?«

Unter der Überschrift: »Funktionieren Glaubensheilungen wirklich?« stellte die *Toronto Star* vier Fallstudien über Menschen vor, die in unseren Gottesdiensten geheilt worden waren. Eine Reportage betraf einen Schichtarbeiter bei GM in Oshawa, der Kehlkopfkrebs hatte. »Nach einer Untersuchung in der Krebsklinik diese Woche wurde ihm gesagt, daß keine Spur von Krebs mehr erkennbar ist.«

Die Zeitung berichtete auch über die Geschichte eines LKW-Fahrers aus Beaverton: »Er war kein Kirchgänger, hatte seit sieben Jahren ein Herzproblem und eine Lungenkrankheit. Seine Freunde überredeten ihn, mit zu einem Heilungsgottesdienst zu gehen. ›Drei Tage später bin ich zum Arzt gegangen, und er sagte mir, daß alles in Ordnung sei‹, sagt er. ›Das muß Gott getan haben.‹«

Und nun zu den Ärzten. Der Reporter zitierte einen der Ärzte mit den Worten: »Sehen Sie, in unserer Welt geschehen mehr Dinge, als wir wissen.«

Auch Fernsehfirmen begannen, Dokumentarfilme über Gottes Wirken zu produzieren. Die *Canadian Broadcasting Corpo-*

ration *(CBC)*, *Global TC* und die riesige unabhängige Station in Toronto, *Channel 9*, drehten Sonderbeiträge. Wir hatten unser eigenes wöchentliches Fernsehprogramm, das eineinhalb Jahre lang zur besten Sendezeit direkt nach den Nachrichten lief.

Ein gelbes Taxi in Pittsburgh

Es war nicht einfach für mich, im Jahr 1979 die große Stadt Toronto zu verlassen. Dort war ich gerettet, geheilt und vom mächtigen Geist Gottes angerührt worden. Die Presse berichtete ausschließlich positiv über unsere Arbeit. Aber ich versprach, der Führung des Heiligen Geistes zu folgen.

Ich wußte, daß ich eine Gemeinde und eine internationale Arbeit aufbauen sollte. Das hatte er mir schon einige Jahre zuvor, 1977, gesagt. Ich weiß noch genau, wo es passierte. Ich saß in einem Taxi in Pittsburgh und sprach gerade mit dem Heiligen Geist darüber. Über die internationale Arbeit sagte er: »Sie wird die Welt anrühren!«

Ich fragte mich: »Wo soll sie sein? New York? Los Angeles?« Aber wissen Sie, der Heilige Geist hat eine fantastische Art zu führen.

Im Juli 1978 reiste ich nach Orlando in Florida, um für Pastor Roy Harthern zu sprechen. Er erzählte mir von seiner Tochter, Suzanne, die am *Evangel College* in Springfield (Missouri) studierte. Das klang in meinen Ohren als Junggeselle interessant.

Ich lud mich ein, das Weihnachtsfest mit ihnen zu verbringen, und Suzanne war über die Ferien zu Hause. Das erstemal, als ich sie sah, sagte Gott: »Das ist deine Frau.« Einfach so! Ich spürte es. Und sie auch.

Der Himmel auf Erden 177

Aber ich wollte sicher sein. Also bat ich Gott um ein »Zeichen«. Ich legte mehrfach ein »Vlies« aus.* Und jedes von ihnen wurde beantwortet. Ich dachte: »Ist das nur Zufall? Oder will Gott wirklich, daß ich diese junge Dame heirate?« Dann versuchte ich es mit einem letzten Zeichen – es war ein schwieriges.

Am 1. Januar 1979 befand ich mich auf dem Flug von San José in Kalifornien nach Orlando. Es war eine kurze Reise, ich sollte in einem Neujahrsgottesdienst dort predigen. Im Flugzeug redete ich mit Gott und sagte: »Wenn sie wirklich meine Frau sein soll, dann laß sie zu mir sagen: ›Ich habe einen Käsekuchen für dich gebacken.‹« Das war der schwerste Test, der mir einfiel.

Suzanne holte mich am Flughafen in Orlando ab, und ihre ersten Worte waren: »Benny, ich habe einen Käsekuchen für dich gebacken.« Dann sagte sie: »Erwarte nicht zuviel. Ich habe noch nie Käsekuchen gebacken.«

Innerhalb von zwei Wochen waren wir verlobt und noch im selben Jahr verheiratet.

Mit der Zeit deutete alles darauf hin, daß ich den weltweiten Dienst in Orlando aufbauen sollte. Mit einer Handvoll Leuten eröffneten wir 1983 das *Orlando Christian Center*. Heute berührt die Arbeit Woche für Woche das Leben von vielen tausend Menschen und zusätzlich ein landesweites Fernsehpublikum.

Er macht keine Werbung für sich

Ehrlich gesagt hatte ich keine Ahnung, wohin der Geist mein Leben führen würde, als ich meine Beziehung mit ihm begann. Alles, was ich wußte, war, daß er real war und meine Gemeinschaft wünschte. Er wollte mein Lehrer und Führer sein.

---

* »Ein Vlies auslegen« meint, Gott in einer wichtigen Entscheidungssituation um ein besonderes Zeichen zu bitten (siehe Ri 6, 36 – 40).

Aber ich möchte Ihnen erzählen, was ich gelernt habe: Der Heilige Geist wird nie Werbung für sich selber machen; er wirbt für Jesus. Er wird nie einen Ort schaffen, wo er groß ist; er wird die Ehre dem Herrn geben.

Ich habe auch gelernt, daß der Geist nicht die Quelle der Gaben Gottes ist. Er ist derjenige, der ihnen hilft, vom Geber *zu empfangen*, von Gott dem Vater. Er ist außerdem derjenige, der Ihnen hilft, Gott den Sohn als Heiland und Herrn *zu empfangen*.

Ihr Anspruch auf den Geist

Auch ein Ungläubiger spürt die Kraft des Heiligen Geistes! Ich habe mit Hunderten von Menschen über ihre Bekehrungserlebnisse gesprochen, und viele haben mir gesagt: »Es geschah etwas, das ich nicht erklären konnte. Ich fühlte mich unwohl über die Dinge, die ich tat.« Das ist die überführende Kraft des Geistes.

Der Herr sagte: »Mein Geist soll nicht immer im Menschen bleiben« (Gen 6,3). Es findet ein »Kampf« statt, wenn der Heilige Geist Ihnen vermitteln will, daß Sie Gott brauchen. Darum fühlen sich Menschen in der Gegenwart Gottes so unbehaglich, wenn sie nicht gerettet sind.

Der Geist ist ein Zeuge für Jesus! »Wenn aber der Beistand kommt, den ich euch vom Vater aus senden werde, der Geist der Wahrheit, der vom Vater ausgeht, dann wird er Zeugnis für mich ablegen« (Joh 15,26). Das wichtigste Ziel des Geistes ist es, Menschen zu Christus zu führen.

Der Geist überführt und überzeugt. Ich bin Menschen begegnet, die aus einer evangelistischen Veranstaltung hinausgegangen sind mit dem Gefühl, vom Heiligen Geist »verfolgt« zu sein. Sie fühlten sich miserabel mit ihren Sünden. Sie spürten ein beständiges Zerren an ihren Herzen. Der Geist ließ sie

nicht los, bis sie sich mit Gott durch seinen Sohn Jesus Christus versöhnen ließen.
 Er wird Ihre Gedanken ansprechen und Ihnen die Wahrheit der Schrift zeigen. Er wird Ihnen die Gültigkeit des Evangeliums überzeugend darstellen.
 Und nachdem Sie Christus Ihr Herz gegeben haben, ist er immer noch da, um Ihnen zu helfen, Zeugnis für den Herrn abzulegen:

»Ich aber, ich bin voller Kraft,
ich bin erfüllt vom Geist des Herrn,
voll Eifer für das Recht und voll Mut,
Jakob seine Vergehen vorzuhalten
und Israel seine Sünden«

(Mi 3,8).

Er gibt Ihnen Kraft zu sprechen. Es ist sogar sinnlos zu versuchen, Gottes Wort zu verkünden, ohne daß der Heilige Geist mit Ihnen ist.

»Hilf mir!«

Wenn Sie sagen: »Heiliger Geist, hilf mir, Jesus kennenzulernen«, dann wird er Sie nicht enttäuschen. Er ist immer bereit zu helfen. Hören Sie auf das, was der Psalmist sagt: »Verwirf mich nicht von deinem Angesicht, und nimm deinen Heiligen Geist nicht von mir« (Ps 51,13). Gleich darauf sagt er: »Mach mich wieder froh mit deinem Heil; mit einem willigen Geist rüste mich aus« (Vers 14). Der Heilige Geist ist willig.
 Wann immer sie sagen: »Hilf mir«, sagt er: »Das will ich.«
 Wenn Sie sagen: »Lehre mich«, so sagt er: »Ich bin dazu bereit.«
 Und wenn Sie sagen: »Hilf mir beten«, dann sagt er: »Laß uns anfangen.«

Er ist da, er schenkt Ihnen den *Wunsch* zu beten. Er ist der Verursacher Ihrer Sehnsucht, zum Vater und zum Sohn zu sprechen. Paulus schrieb die mächtigen Worte: »Darum erkläre ich euch: Keiner, der aus dem Geist Gottes redet, sagt: Jesus sei verflucht! Und keiner kann sagen: Jesus ist der Herr!, wenn er nicht aus dem Heiligen Geist redet« (1 Kor 12,3). Wenn Sie singen »Er ist Herr« und es von Herzen so meinen, dann ist das ein Beweis dafür, daß der Heilige Geist in Ihnen ist. Er benutzt Sie, um der ganzen Welt zu verkünden, daß Jesus Christus der Herr ist!

In dem Moment, in dem Sie den Tod, die Grablegung und Auferstehung Christi bekennen, haben Sie den »Test« des Geistes bestanden. Die Schrift sagt: »Daran erkennt ihr den Geist Gottes: Jeder Geist, der bekennt, Jesus Christus sei im Fleisch gekommen, ist aus Gott. Und jeder Geist, der Jesus nicht bekennt, ist nicht aus Gott« (1 Joh 4,2 – 3). Er sagt: »Daran erkennen wir den Geist der Wahrheit und den Geist des Irrtums« (Vers 6).

Ihre Erlösung ist der Beweggrund des Wirkens des Heiligen Geistes. In der Tat ist er es, der Sie in die Familie Gottes adoptiert. Paulus schreibt: »Denn alle, die sich vom Geist Gottes leiten lassen, sind Söhne Gottes. Denn ihr habt nicht einen Geist empfangen, der euch zu Sklaven macht, so daß ihr euch immer noch fürchten müßtet, sondern ihr habt den Geist empfangen, der euch zu Söhnen macht« (Röm 8,14 – 15).

Und das können Sie auf folgende Weise zum Ausdruck bringen. Durch ihn »... rufen wir: Abba, Vater! So bezeugt der Geist selber unserem Geist, daß wir Kinder Gottes sind. Sind wir aber Kinder, dann auch Erben; wir sind Erben Gottes und sind Miterben Christi, wenn wir mit ihm leiden, um mit ihm auch verherrlicht zu werden« (Verse 15 – 17).

Zur Adoption bereit?

Der Geist hat Sie angeschaut und einen Waisen gesehen. Er sagte: »Ich will dich adoptieren.« Er ist Ihr Vater. Warum? Weil er der Geist des Vaters ist. Erinnern Sie sich noch an das Lied von Dottie Rambo *Heiliger Geist, sei hier willkommen*? Sie war inspiriert zu schreiben: »Allmächtiger Vater der Gnade und Güte«. Das ist der Heilige Geist.

Ohne ihn ist es unmöglich, sich dem Vater zu nähern. Paulus sagt: »Durch ihn haben wir beide in dem einen Geist Zugang zum Vater« (Eph 2,18). Durch wen? Durch Jesus haben Juden wie Heiden durch den Geist Zugang zu Gott.

Aber nun kommt das Beste: *Die Bibel sagt, daß der Heilige Geist Ihnen als Garantie für das ewige Leben gegeben worden ist.* »Durch ihn habt auch ihr das Wort der Wahrheit gehört, das Evangelium von eurer Rettung; durch ihn habt ihr das Siegel des verheißenen Heiligen Geistes empfangen, als ihr den Glauben annahmt. Der Geist ist der erste Anteil des Erbes, das wir erhalten sollen, der Erlösung, durch die wir Gottes Eigentum werden, zum Lob seiner Herrlichkeit« (Eph 1,13 – 14).

Es gibt keinen Zweifel. Der Heilige Geist bereitet Sie auf den Himmel vor. Wenn Sie davon überzeugt sind, daß er in Ihnen lebt, dann dürfen Sie nie daran zweifeln, ob Sie wiedergeboren sind. Sie dürfen nie daran zweifeln, ob Ihre Heimat im Himmel ist. Und Sie dürfen nie daran zweifeln, ob Sie ewiges Leben haben.

Lassen Sie es mich anders sagen. Wenn Sie morgen früh in einen Laden gehen und einige Kleidungsstücke und ein Paar Schuhe aussuchen, aber nicht genügend Geld dabei haben, dann lassen Sie sich die Sachen zurücklegen und machen eine Anzahlung. Sie sagen: »Ich hole die Sachen nächste Woche ab.« Ihr Name steht auf der Rechnung, und Sie nehmen die Quittung mit nach Hause. In der folgenden Woche holen Sie dann den erworbenen Besitz ab.

Genau das tat Jesus, als er kam und Ihnen den Heiligen Geist gab. Der einzige Unterschied liegt darin, daß er den gesamten Preis auf Golgatha bezahlte. Aber er sagt folgendes: »Ich habe für dein Leben bezahlt, aber ich gebe auch eine Anzahlung dafür, die garantiert, daß es mir gehört.« Er sandte den Heiligen Geist. Und wenn Sie ihn haben, dann befinden Sie sich auf dem Weg zur Herrlichkeit.

Wenn Christus zurückkehrt, wird er Sie mit nach Hause nehmen. Um diese wunderbare Tatsache kann man ruhig einigen Wirbel machen. Sie sind der erworbene Besitz des Herrn. Deshalb können Sie Satan in sein häßliches Gesicht sagen: »Faß mich nicht an. Ich gehöre Christus!« Haben Sie keine Angst, das Wort Gottes auszusprechen. Werfen Sie ihn hinaus und er wird von Ihnen fliehen.

Sie haben den Heiligen Geist. Eine »Anzahlung« auf Ihr Erbe! Warum wurde er uns als Anzahlung gegeben? Paulus sagte: »Christus hat uns vom Fluch des Gesetzes freigekauft, indem er für uns zum Fluch geworden ist; *denn es steht in der Schrift: Verflucht ist jeder, der am Pfahl hängt*« (Gal 3,13). Und dann schrieb er die folgende wunderbare Wahrheit nieder: Er erlöste uns, »... damit den Heiden durch ihn der Segen Abrahams zuteil wird und wir so aufgrund des Glaubens den verheißenen Geist empfangen« (Vers 14).

Weil Christus zum Fluch wurde, wurde der Geist wie verheißen gegeben.

Sie brauchen Hilfe

Von dem Moment an, in dem Sie Jesus als Ihren Heiland annehmen, gibt Ihnen der Geist den Willen, die Kraft und den Wunsch, Gott zu gehorchen und ein Leben als Christ zu leben. Ohne ihn ist es unmöglich.

Der Apostel Petrus sagt Ihnen: »Der Wahrheit gehorsam, habt ihr euer Herz rein gemacht für eine aufrichtige Bruderliebe; darum hört nicht auf, einander von Herzen zu lieben« (1 Petr 1,22).

Der Grund, weshalb Menschen – auch Christen – versagen, liegt darin, daß sie sich auf ihre eigene Kraft verlassen. Sie können Gott nicht gehorchen, indem Sie sagen: »Ich mache es selbst.« Wie oft haben Sie schon gesagt: »Ich werde beten«, und dann haben Sie es doch nicht getan. Oder: »Ich werde in der Bibel lesen«, aber dann haben Sie es vergessen. Warum? Weil Sie sich auf Ihren eigenen Verstand verlassen haben. Sie haben sich auf Ihr Fleisch verlassen, und das Fleisch wird immer versagen.

Er wird Ihnen Kraft und Leben geben, aber der Geist wird Ihnen etwas geben, das genauso wichtig ist. *Er wird Ihnen Frieden und Ruhe geben.* Jesaja sagte:

»Der Geist des Herrn ließ sie zur Ruhe kommen,
wie das Vieh, das ins Tal hinabzieht.
So führtest du einst dein Volk,
um dir herrlichen Ruhm zu verschaffen«

(Jes 63,14).

Kurz nachdem ich begann, das Evangelium zu predigen, begegnete ich David DuPlessis. Er war bekannt als »Mister Pentecost«, weil er den geistlichen Leitern weltweit den Heiligen Geist vorgestellt hatte. Er war Charismatiker, bevor er überhaupt wußte, was das Wort bedeutet.

Ich befand mich mit diesem gesalbten Mann in einer Konferenzhalle in Brockville, Ontario, und nahm meinen ganzen Mut zusammen, um ihm eine Frage zu stellen. Nervös sagte ich: »Dr. DuPlessis, wie kann ich Gott wohlgefallen?«

Der alte Mann, der jetzt bei Jesus ist, hielt inne, legte seine Aktentasche nieder, deutete mit seinem Finger auf meine Brust und drückte mich gegen die Wand. Das war alles andere, als ich von einem alten, gebrechlichen Prediger erwartet hatte. Ich hatte doch nur gesagt: »Wie kann ich Gott wohlgefallen?« –

und sofort quetschte er mich gegen die Wand. Dann sagte er einige Worte, die ich nie vergessen habe. Er sagte: »Versuchen Sie es nicht!« Dann nahm er seine Tasche und ging weiter.

Ich holte ihn ein und sagte: »Dr. DuPlessis, das verstehe ich nicht.«

Ruhig wandte er sich um und sagte: »Junger Mann, *Sie* sind dazu nicht fähig. *Er in Ihnen kann es tun.*« Dann sagte er: »Gute Nacht« und ging auf sein Zimmer.

Ich war immer noch verwirrt, als ich auf mein Zimmer ging. Ich legte mich aufs Bett und dachte über seine Worte nach. »Sie können es nicht tun. Er in Ihnen kann es tun.«

In diesem Moment wußte ich kaum, was ich beten sollte, aber der Geist begann, mir die Wahrheit dieser Worte zu entfalten. Wie kann ich Gott wohlgefallen? Indem ich mich ihm ausliefere! Indem ich es noch nicht einmal versuche. Es war genau so, wie Mr. Pentecost gesagt hatte. Der Heilige Geist wird es tun. Es ist nicht meine Kraft; es ist seine. Sonst würde ich stolz auf meine eigenen Leistungen werden.

Gottes Berührung

Wenn Sie Jesus von Angesicht zu Angesicht sehen, werden Sie nicht sagen: »Sieh, Herr, was ich alles getan habe.« Sie werden sagen: »Sieh, Herr, was du mit diesem schlechten Menschen getan hast.« Beginnen Sie schon, es zu üben. Öffnen Sie weit Ihre Arme, und sagen Sie: »Geist des lebendigen Gottes, ich will heute für Jesus leben. Ich gebe dir meine Gedanken, meine Gefühle, meinen Willen, meinen Intellekt, meine Lippen, meinen Mund, meine Ohren und meine Augen – benutze sie zur Verherrlichung Gottes.«

Wenn ich aufwache und so ein Gebet bete, dann überflutet mich die Salbung wie ein Ozean bei Flut. In dem Augenblick, in dem ich mich vollkommen ausliefere, beginnt Gott, durch meinen Dienst zu fließen. Und das ist durch nichts anderes zu erreichen.

Ich habe mich oft gefragt, warum der Geist mich in meinen Veranstaltungen so oft dahin führt, für Heilung zu beten. Und ich habe mich gefragt, warum meine Arbeit von Leuten begleitet wird, die unter der Kraft des Heiligen Geistes umfallen. Aber wenn ich mir die Ergebnisse dieser Veranstaltungen anschaue, sehe ich, daß jede Manifestation des Geistes nur einem Zweck dient: Menschen zu Christus zu bringen.

Es ist eine Demonstration, daß Gott lebt, daß er immer noch im Leben von Menschen handelt. Ich habe gesehen, wie viele tausend Menschen unter der Kraft des Geistes buchstäblich zu Boden stürzten, und ich glaube, daß sie nur eine kleine Berührung der Macht Gottes spürten. Aber es zeigt die ehrfurchtgebietende Kraft des Allmächtigen, es zieht Menschen zum Heiland.

Geheilt zu werden oder »im Geist zu ruhen« ist keine Voraussetzung für den Himmel. Es gibt nur eine Tür zum Himmel – Christus, den Herrn. Behalten Sie immer im Blick, zu welcher Absicht der Geist auf der Erde ist. Er ist der Geist des Vaters und der Geist des Sohnes, der Menschen dazu führt zu bekennen, daß Christus der Herr ist.

Im Laufe meiner Arbeit war die Kraft des Heiligen Geistes immer etwas sehr Erstaunliches für mich. Er ist sanft, aber gleichzeitig ist er mächtig.

»Das Gras verdorrt, die Blume verwelkt,
wenn der Atem des Herrn darüberweht.
Wahrhaftig, Gras ist das Volk«
(Jes 40,7).

Der Heilige Geist ist keine schwache Persönlichkeit.

Als junger Christ und frischgebackener Prediger habe ich mich oft zurückgezogen und beobachtet, wie Gott handelte. Ich wußte, daß nicht ich es war, der Leben anrührte. Es war die Souveränität Gottes und das Wirken des Geistes. Ich schaute einfach voller Erstaunen zu.

Aber ich glaube, ich hatte nie in meinem Leben solche Angst wie an jenem Sonntagabend im April 1975. Ich stand am Rednerpult einer kleinen Pfingstkirche im Westteil Torontos, als meine Eltern – Costandi und Clemence – durch die Tür kamen.

Mein Herz blieb fast stehen, und ich spürte, wie mir der Schweiß auf der Stirn stand. Das war schlimmer als mein schlimmster Alptraum. Ich war lahm vor Angst – zu überrascht, um zu lachen, und zu schockiert, um zu weinen.

Was müssen sie nur denken?

Seit fünf Monaten predigte ich nun schon, aber meine Eltern hatten keine Ahnung davon. Die Spannungen bei uns zu Hause bezüglich meines Lebens mit Gott waren schon ohne diese Neuigkeit groß genug. Aber dann sahen meine Eltern eine Zeitungsanzeige, die der örtliche Pastor geschaltet hatte, und so kamen sie zu der kleinen Gemeinde.

Ich konnte noch nicht einmal in ihre Richtung sehen. Aber in dem Moment, in dem ich meinen Mund öffnete, um zu reden, erfüllte die Salbung des Heiligen Geistes das Gebäude. Sie war so stark, daß die Worte aus mir flossen wie ein Fluß. Ich erlebte, daß ich tatsächlich »zuhörte«, was der Geist mir befahl auszusprechen.

Am Ende meiner Botschaft fühlte ich mich geführt, für die Leute zu beten, die Heilung brauchten. Ich dachte: »Was werden Vater und Mutter nur denken?« Dann standen sie auf und gingen hinaus.

»Jim«, sagte ich nach dem Gottesdienst, »du mußt beten!« Jim Poynter hatte an diesem Abend mit mir vorne gestanden und wußte um die Ernsthaftigkeit der Situation. Ich überlegte sogar, ob ich nicht besser bei ihm übernachten sollte, um der unausweichlichen Konfrontation mit meinen Eltern aus dem Weg zu gehen.

Statt dessen stieg ich aber in mein Auto und begann, durch die Straßen Torontos zu fahren. Ich dachte: »Wenn ich mitten in der Nacht nach Hause komme, werden meine Leute schon schlafen.« Es war nach zwei Uhr morgens, als ich endlich mein Auto vor dem Haus abstellte und den Motor abschaltete.

Auf Zehenspitzen ging ich die Stufen hoch und schloß die Haustür auf. Als ich die Tür geöffnet hatte, war ich völlig überrascht bei dem Anblick, der sich mir bot. Vor mir saßen meine Mutter und mein Vater auf der Couch.

Ich war voller Panik gewesen, als ich sie in die Kirche kommen gesehen hatte, aber das jetzt war noch schlimmer. Meine Knie begannen zu zittern, und ich suchte nach einem Platz zum Hinsitzen.

Mein Vater sprach als erster, und ich hörte ihm ungläubig zu.

»Sohn«, sagte er weich, »wie können wir werden wie du?«

Hörte ich wirklich, was ich zu hören meinte? War das derselbe Mann, der so empört über meine Bekehrung gewesen war? Der Vater, der mir strikt verboten hatte, den Namen »Jesus« in unserem Haus auch nur zu erwähnen?

»Wir wollen es wirklich wissen«, sagte er. »Sag uns, wie wir das bekommen können, was du hast.«

Ich schaute meine liebe Mutter an und sah, wie ihr die Tränen über das hübsche Gesicht rannen. Ich konnte meine Freude nicht mehr unterdrücken. Ich begann zu weinen. Und die nächste Stunde dieser unvergeßlichen Nacht öffnete ich die Bibel und führte meine Eltern zu der rettenden Erkenntnis des Herrn Jesus Christus.

Mein Vater sagte: »Benny, weißt du, was mich überzeugt hat?« Er erzählte, daß, als ich zu predigen begann, er sich zu meiner Mutter wandte und sagte: »Das ist nicht dein Sohn. Dein Sohn kann nicht reden! Seinen Gott muß es wirklich geben.« Er hatte nicht gewußt, daß ich vollständig von meinem Stottern geheilt worden war.

Die wunderbare Bekehrung meiner Eltern machte es Gott möglich, auch den Rest der Familie zu retten. Henry kam und wurde gerettet. Mein kleiner Bruder Mike wurde wiedergeboren. Dann kam Chris. Falls Sie jemals etwas von der Bekehrung ganzer Haushalte gehört haben – bei uns passierte das!

Das Heim der Hinns wurde in einen »Himmel auf Erden« verwandelt. Und die Veränderung war nicht nur vorübergehend. Es war *das andauernde Wirken* des Geistes. Heute sind Chris, Willie, Henry, Sammy und Mike voll im Dienst für den Herrn beschäftigt. Mary und Rose sind hingegebene Christinnen, die für Gott leben. Und Benny? Nun, Sie wissen ja, was mit ihm geschehen ist.

Die wichtigsten Dinge zuerst

So wie der Heilige Geist mein Leben anrührte und meine Eltern zu Christus zog, möchte er in Ihrem Leben wirken. Das größte Werk des Geistes ist nicht, daß er Sie in irgendeine himmlische Ekstase versetzt. Das mag geschehen, aber seine Absicht ist es, von Sünde zu überführen und Menschen zu Jesus zu bringen.

Beim Lesen dieses Buches haben Sie vielleicht gesagt: »Das gilt für mich! Ich will diese begeisternde persönliche Beziehung zum Heiligen Geist haben!« Aber sind Sie bereit dafür? Was in jener Nacht mit mir geschah, als der Geist mein Zimmer betrat, war nicht der erste Schritt. Es begann alles viel früher. Lassen Sie den ersten Dingen auf Ihrem geistlichen Weg einen Schritt nach dem anderen folgen.

Mein Freund, wenn Sie Christus noch nie gebeten haben, in Ihr Herz zu kommen, dann ist es jetzt Zeit dazu. Das ist der wichtigste Schritt, den Sie je tun werden. Sagen Sie gerade jetzt:

»Jesus, ich bekenne, daß ich ein Sünder bin. Ich glaube, daß du der Sohn Gottes bist und daß du dein wertvolles Blut für mich am Kreuz vergossen hast. Vergib mir meine Sünde. Reinige mein Herz von aller Ungerechtigkeit. Ich danke dir, daß du mich jetzt rettest. Amen.«

Wenn Sie dies von ganzem Herzen gebetet haben, dann sind Sie bereit, ein neues Leben im Geist zu beginnen. Und jeden Tag, sooft Sie beten, Gottes Wort lesen und anderen von seiner Liebe erzählen, werden Sie Gottes aufregende Führung Tag für Tag erleben.

Ich bin zu dem Schluß gekommen, daß ich völlig abhängig vom Heiligen Geist bin. Er ist alles, was ich habe. Jesus hat ihn verheißen, und Gott hat ihn gesandt, damit Sie Wissen, Kraft, Gemeinschaft und tiefe Beziehung mit ihm haben können. Er wird Sie salben, Ihnen helfen, Sie anhauchen, trösten, Ihnen Ruhe schenken, Sie führen und leiten, Ihnen beim Beten helfen und vieles mehr.

Er wartet darauf, eine Beziehung mit Ihnen aufzubauen, die Ihr Leben für immer verändern wird. Aber es liegt an Ihnen, die Einladung auszusprechen.

Wenn morgen früh die Sonne aufgeht, wird er darauf warten, daß Sie sagen:

»*Guten Morgen, Heiliger Geist!*«

*Weitere Bücher zum Thema Gebet
die im Projektion J Verlag erschienen sind:*

Joni Eareckson-Tada
Dich suche ich
Mein Leben in Lobpreis und Gebet
Gebunden, ca. 180 Seiten, DM 28,00, ISBN 3-925352-70-8

Benny Hinn
Guten Morgen, Heiliger Geist
Gebunden, ca. 200 Seiten, DM 24,80, ISBN 3-925352-67-8

Bill Hybels
Aufbruch zur Stille
Von der Lebenskunst inmitten der Anforderungen von Beruf und
Familie Zeit für das Gebet zu finden
Paperback, ca. 172 Seiten, DM 19,80, ISBN 3-925352-68-6

Quin Sherrer
Gebet für unsere Kinder
Eine Anleitung für Paten, Eltern und Freunde
Paperback, 112 Seiten, DM 16,80, ISBN 3-925352-46-5

Paul Yonggi Cho
Gebet – Schlüssel zur Erweckung
Wie Sie lernen können, vollmächtig zu beten
Paperback, 160 Seiten, DM 19,80, ISBN 3-925352-10-4

George Mallone
Zieht an die Waffenrüstung Gottes
Spielregeln für Sieger
Paperback, ca. 200 Seiten, DM 19,80, ISBN 3-925352-69-4

C. Peter Wagner
Das Kampfgebet
Eine Trilogie über Erfahrungen mit dem Gebet
Paperback, ca. 160 Seiten, DM 19,80, ISBN 3-925352-72-4

Projektion J Verlag · Niederwaldstr. 14 · D-6200 Wiesbaden
Telefon: 0611 / 811 09 33 · Telefax: 0611 / 811 09 28

Familie im Mittelpunkt

Der christliche Familienratgeber von Dr. James Dobson

Themen unter anderem:
- Kommunikation in der Ehe
- Sexualität
- Beziehungsprobleme
- Familienplanung
- Erziehung
- geistliches Training für Kinder
- Lernprobleme
- Persönlichkeitsbildung
- Aufklärung
- Pubertät
- Rollenerwartung
- Midlife Crisis

Ein Nachschlagewerk neuen Stils: Antworten auf über 400 Fragen aus der Praxis des christlichen Psychologen und Familientherapeuten Dr. James Dobson

Der Autor:

James Dobson gilt als der führende christliche Familienberater in den USA.
Er ist Gründer und Leiter der Organisation „Focus on the Family".
Zahlreiche Bestseller zum Thema „Ehe und Familie".

**Dr. James Dobson
Der christliche Familienratgeber**

Gb., ca. 420 Seiten
ISBN 3-925352-34-1

39,80

NEU
Jetzt auch als Paperback

ISBN 3-925352-55-4

28,00

Projektion J Verlag GmbH · Niederwaldstr. 14 · 6200 Wiesbaden
Telefon: 0611 / 811 0933 · Fax: 0611 / 811 0928